20대 여자 성공을 메이크업하라

20대 여자 성공을 메이크업 하라

· 신혜정 지음 ·

MIRAE
BOOK

좌충우돌의 20대,
그래도 잔치는 끝나지 않았다

돌아보자면 나의 20대는 그리 평탄하지 않았다. 뭐, 집안에 문제가 있었던 건 아니다. 뭔가 해보려고 하면서 끊임없이 좌충우돌한 시기, 그 이상도 이하도 아니다. 내 나이 스물아홉, 이제 나의 20대도 얼마 남지 않았다.

문득 궁금해진다. 이 책을 펼친 그 누군가의 20대는 과연 무슨 마음으로 책장을 넘기려고 할까?

20대를 살아가는 지금, 아주 화끈하게 모든 문제를 단번에 해결할 절대 비책을 기대한다면 부디 이 책을 덮어주시길……. 내가 말하려는 건 20대에 저지른 내 실수담과 더불어 이렇게 하면 완전 후회한다는 이야기니까. 이를테면 반면교사!

대학 선택에서부터 나는 첫 단추를 잘못 끼운 감이 있었다. 나는 너무도 중대한 진로 문제 앞에서 그 갈 길을 타인의 말에 따라 결정했다. 이른바 점수 맞춰 대학 가기!

대학 다니면서 유일하게 내세울 자랑거리라면 빚 안 진 것 정도? 나는 꿈을 찾아 유학생활도 했지만 그마저도 지독한 향수병 탓에 접고 말았다.

최영미 시인은 그녀의 시집을 통해 '서른, 잔치는 끝났다'고 했다. 또한 최승자 시인은 그녀의 시 '삼십세'에서 말했다.

'이렇게 살 수도 없고 이렇게 죽을 수도 없을 때 서른 살은 온다.'

20대 끝물에서 시 한 구절이 이렇게 무섭게 다가온 적 있던가?

이 책이 좌충우돌 방황하는 20대에게 완벽한 해결책이 될 거라고는 생각하지 않는다. 그건 어쭙잖은 오만이겠다.

지금 막 어른이 된 20대들……. 나는 그들에게 이래라 저래라 할 만큼 크지 못했다는 사실을 잘 안다. 다만, 최소한 내가 저지른 실수만큼은 하지 않기를 바란다. 바로 시간 낭비 같은 것들 말이다.

학자금 대출이라는 필요악에 발목 잡힌 20대가 많다. 나름대로 열심히 살아왔는데 이게 뭐냐며 아무나 붙잡고 하소연하고 싶을지도 모르겠다. 그 빚을 갚기 위해서라도 빨리 취직해야겠다는 조바심이나 발을 동동 구를지도 모르겠다. 현실적으로 어디든 속히 가야 할 거다. 하지만 그렇다고 인생살이에서 앞뒤 안 가린 채 주객이 전도되면 곤란하다.

20대 때 꿈을 가져야 성공할 수 있다는 얘기를 많이 들었을 거다.

꿈은 배부른 사람이나 꾸는 것이라고 조소하는 20대도 있을 거다. 꿈 대신 밥, 바라는 거라곤 오직 취직뿐이라고 말하는 20대도 있을 거다.

"자신이 원하는 것을 정확히 안다고? 난 아직 모르겠는데?"

이런 반응이 20대에겐 지극히 당연할지도 모르겠다.

"우리가 원하는 것을 아는 것은 정상이 아니다. 그것은 보기 드물고 얻기 힘든 심리학적 성과다."

미국 심리학자 에이브러햄 매슬로의 이 말처럼 원하는 걸 정확히 알기 위해선 많은 노력이 필요하다.

나는 내가 진짜 원하는 게 뭔지를 10년 가까이 찾아 헤맸다. 시간은 사람을 기다려주지 않는다. 내 어머니는 방황 그만하고 정신 좀 차리라는 말씀을 수없이 하셨다. 정신 차리라는 건 안정된 직장을 가지고 돈을 벌라는 말씀! 돈을 번다는 건 세상에 필요한 물건, 서비스 등을 제공해주고 그 대가를 받는 것! 나는 세상이 원하는 그 어떤 것으로 돈을 벌어야 할지 찾고 찾았다. 그리고 마침내 발견했다.

나는 이야기꾼이 될 거다. 재미있는 이야기, 독특한 이야기, 그러면서도 살아가는 데 꼭 필요한 이야기를 할 거다. 그 첫 타가 바로 이 책이다. 이미 말했듯, 20대들에게 나처럼 살면 후회한다는 '셀프 디스'를 종종 섞어가면서 말이다. 실패담을 궁상맞다며 싫어할 사람도 있을 거다. 하지만 실패담을 통해 같은 실수의 전철을 밟지 않는다면 인생에서 시간을 버는 일이 될 거다. 행복하게 사는 지름길이 될 거다.

"행복하게 사는 것이 인생에 주어진 의무다."

헤르만 헤세의 이 말처럼 우리 모두는 행복하게 살아야 한다. 그 길을 가는 데 이 책이 작으나마 도움이 되길 바란다. 그래서 훗날 20대 시절을 돌아보며 후회하지 않노라고 말할 수 있기를 기원한다. 20대는 30대가 아니다. 할 수 있는 한 잔치는 계속되어야 한다.

2014년 새해 첫날을 앞둔 바람 찬 날
신혜정

CONTENTS

CHAPTER 2
월요병에 시달린다고? 굿바이, 월요병!
_ 일 Work

CHAPTER 3
돈 생각에 머리 아프다고?
_ 돈 Money

CONTENTS

CHAPTER 6
생각을 이노베이션하다
_ 마음가짐 Mind

CHAPTER 7
내 인생의 주인이 될까, 노예가 될까?
_ 습관 Habit

CHAPTER 1

꿈이 꼭 필요하냐고?
_꿈 *Dream*

01

나만
할 수 있는
이야기

사람들은 이야기를 좋아한다. 특히 어려운 상황을 극복하고 성공을 거둔 이들의 이야기는 누구나 좋아하는 화젯거리다.

　어차피 인생이란 한 인간의 이야기를 만드는 것! 성공한 이들은 사람들이 반할 만한 수십, 수백, 수천 가지의 이야기를 가지고 있다. 유명 인사들의 성공 스토리를 보면 '정말 힘들게 살아왔구나. 그렇게 독하게 했으니 성공하는 게 당연하지' 하는 반응이 나오게 마련이다. 물론 그 안에는 성공에 이를 수밖에 없는 그들만의 기발하고 독창적인 이야기가 숨어 있다. 여기에는 세상을 꿰뚫는 통찰로 빚어낸 짬뽕, 즉 통섭이 깔려 있다.

　최근 들어 통섭이 중요한 화두로 부각되고 있다. 경영, 기술 개발, 신입사원 공채 등 할 것 없이 여러 부문에서 인문학과 공학을 결합한 시스템을 도입하고 있다. 이는 스티브 잡스와 애플의 영향이 크다. 잡스는 신제품 아이패드를 선보이는 자리에서 "기술과 교양 과정, 인문학의 교차로에 애플이 있다"고 말했다. 인문학총연합회가 지난 2013년 4월에 개최한 '한국의 인문 진흥을 위한 학술토론회'에서 언급된 인물도 잡스였다. 아이폰 인문학의 핵심은 잡스가 추구하고 실현했던 융복합이다. 사람들이 여기에 주목하는 이유는 단 하나다. 이게 성공의 전제 조건이니까.

그래서 우리는 학점, 공모전, 토익, 어학연수, 봉사 활동 등 스펙 쌓기 외에 문학, 역사, 철학 등의 인문학까지 섭렵해야 한다. 머리 아프지만 시대가 우리에게 요구하고 있다. 물론 이 인문학은 진부하기 짝이 없는 낡아빠진 게 아니다. 인문학의 가장 큰 장점은 사람의 생각을 더 깊게 만들어준다는 거다. 이는 곧 나를 더 나은 수준으로 업그레이드해주는 발판이 된다. 이를 토대로 성공으로 가는 나만의 이야기를 만들어야 한다.

환경영향평가라는 게 있다. 어떤 지역에 공장, 철도, 발전소 등이 들어오려고 할 때 그 사업이 환경에 어떤 영향을 주는지를 미리 조사해야 한다. 그 주변 환경이 어떻게 변화될지 예측하고 환경보전의 방안을 세우는 데 무엇보다 필요한 것이 바로 환경영향평가다.

나는 이것을 인생에 끌어들여 지금보다 더 나은 삶을 가능케 할 '비전영향평가서'를 써보라 권하고 싶다. 비전영향평가서는 나 스스로가 어떤 비전을 품고 있는지, 그리고 그 비전이 실현된다면 인생이 얼마나 달라질지 미리 생각해보는 거다. 물론 행동 없는 비전만 있다면 아무런 쓸모가 없을 거다.

실행을 위해, 비전영향평가서를 작성했다면 그것을 집 안 곳곳에 붙여놓을뿐더러 지갑에 넣고 수시로 들여다보자. 이때 중요한 것은 그 비전이 이미 이루어졌다고 선명하게 상상해보는 거다. 우리는 성공한 자신을 상상하면 행복해한다. 그 행복한 기분은 분명 비전을 이루는 데 도움이 된다. 목표를 향해 적극적으로 나아가게 만드는 추동력이 되는 것이다.

많은 20대가, 스펙을 쌓기 위해서는 대기업 인턴, 토익 고득점 획득, 공모전 입상, 어학연수, 봉사 활동 등이 우선시되어야 한다고 생각한다. 하지만 나는 그 전에 자신의 인생을 이야기로 정리하는 것이 필요하다고 생각한다. 단지 입사를 위한 자기소개서를 쓰기 위해서만이 아니라 자신의 독창성을 세상에 알리기 위해서다.

나만의 이야기를 만들기 위해서는 내 꿈을 결코 포기하지 않는 끈기가 필요하다. 인생은 마음먹은 대로 쉽게 변하지 않는다. 그러다 보니 여러 이유를 대며 지레 꿈을 포기하는 사람이 있는가 하면 꿈을 포기할 수 없는 이유 하나를 붙잡고 끝까지 고군분투하는 사람이 있다. 포기한 꿈은 인생의 어느 시점에 반드시 복수한다. 그 복수란 '그때 그 꿈을 이루기 위해 노력했다면 지금쯤 나는 더 나은 사람이 돼 있을 텐데' 하는 후회의 자책이다.

아직도 '나는 할 수 없다'고 생각한다면 펜을 꺼내 종이 한가운데 금을 그어라. 그리고 왼쪽에 하고 싶은 일과 그 이유를 적어보자. 오른쪽에는 할 수 없다고 생각하는 일과 그 이유를 적어보자. 이것은 시험이 아니다. 그저 내면에 숨어 있는 꿈들을 정리해서 현실로 만들 수 있도록 돕는 일이다.

다 썼다면 하고 싶은 일과 할 수 없는 이유를 살펴보자. 하고 싶은 일을 하는 데 가장 큰 방해가 되는 일과 그 이유는 과연 무엇인가? 이번에는 하고 싶은 일 중 가장 간절하게 바라는 일 하나만 골라보자. 가장 간절한 바람이 이루어진다면 나와 내 주변에 어떤 변화가 생길지 상상해보자. 이제 미리 써둔 비전영향평가서를 다시 한 번 읽어보자. 아까 본 방해가 되는 일은 내 간절한 바람에 의해 충분히 극복할 수 있는 사소한 문제가 되어버렸을 것이다.

절대 문제를 회피해선 안 된다. 지금 겪고 있는 문제를 친한 친구도 똑같이 겪고 있다고 생각해보자. 그 친구에게 뭐라고 말해줘야 할까? 친구에게 무조건 안 된다고 반대할 것인가, 아니면 객관적인 시각으로 올바른 조언을 할 것인가? 친구에게 해주듯이 스스로에게 문제를 해결해주자.

줄리아 카메론의 책 『아티스트 웨이』를 보면 그림자 아티스트라는 말이 나온다. 그림자 아티스트란 아티스트가 되기를 바라지만 행동에 나서지는 못한 채 현실에 순응하는 사람들, 다른 아티스트가 이룬 작업을 보면서 위안을 얻는 사람들을 말한다.

꿈꾸는 사람들, 즉 '꿈쟁이'도 '그림자 꿈쟁이'와 대비하여 표현할 수 있을 거다.

꿈쟁이 : 확고한 꿈이 있고, 꿈을 이루기 위해 계획을 세우고, 다른 사람이 조롱하더라도 결과로 보여주는 사람.

vs

그림자 꿈쟁이 : 꿈을 이룰 기회가 있었거나 꿈을 이루고 싶었으나 그러지 못하고 현실에 순응하는, 나도 꿈을 이루면 좋겠다고 생각만 하는 사람.

20대를 살아가는 지금 진정한 꿈쟁이의 이야기를 쓸 것인가, 그림자 꿈쟁이의 이야기를 쓸 것인가? 진정한 꿈쟁이로서 나만 할 수 있는 이야기를 만들고 싶다면 지금부터 꿈을 명확히 정하고 어떻게 이루어나갈지 구체화하여 즉시 실행하자.

02

목표,
스마트하게
세워볼까?

확고한 꿈이 있다면 행복한 사람이다. 많은 이가 타인이 권하는 인생 항로를 항해하다가 어느 순간 나침반 잃은 배처럼 갈 방향을 잃고 표류한다. 그때가 되어서야 내가 바란 인생은 이게 아니었다며 후회한다.

　꿈이 있다는 것은 자기 삶을 주체적으로 꾸려나갈 의지가 있다는 거다. 그런데 어떤 이는 꿈꾸는 것을 스스로 방해한다. 또 어떤 이는 꿈을 무시한 채 현재 눈앞에 보이는 안정에만 매달린다. 이들은 자신이 진정으로 바라는 것이 무엇인지 모르는 사람이다.

　유유상종이라고 했다. 만약 꿈 없이 사는 사람이 주변에 있다면 그 인물을 경계해야 한다. 좀 독하게 말해, 그런 사람은 최대한 멀리하는 게 좋다. 그런 사람은 블랙홀 같은 존재다. 부정의 생각으로 '지금'에 안주하면서 자기 꿈은 둘째치고 곁에 있는 사람의 꿈마저도 그 의지를 빨아들여 그것을 현실 속에 상쇄시켜버린다.

　잃어버린 혹은 내려놓은 꿈을 되찾기란 좀처럼 쉽지 않다. 왜냐하면 꿈에서 멀어질수록 현실이라는 족쇄가 점점 더 세게 옥죄니까. 무엇보다 일상에 치이면서 남들도 그냥 그렇게 산다는 일반화로 '다른 사람들처럼'이라는 꿈 아닌 꿈에 취해버리니까.

헤르만 헤세는 말했다.

"너희는 다른 사람이 되는 것, 다른 사람의 목소리를 모방하고 그들의 얼굴을 너희 얼굴로 여기는 것을 그만두어야 한다."

우리는 꿈을 향한 항해를 계속해야 한다. 내가 무엇을 원하는지 정확히 알 때 갈 길 또한 명확히 보인다. 외출하기 전에 어디에서 누구를 만나 무엇을 할지를 미리 정하는 것처럼 앞으로 무엇을 할 것인지 그 바라는 꿈을 확실히 정해야 한다.

더 나은 내가 되기 위해, 인생에서 이루고자 하는 최종 목표를 정했는가? 그렇다면 그 목표를 일주일, 한 달, 일 년 단위로 쪼개어 세부 목표를 세워보자. 이때 유의할 게 있다.

나는 다이어트를 할 거야.
나는 돈을 많이 모을 거야.
나는 영어를 잘할 거야.

이런 식의 것들은 엄밀히 말해 목표라고 할 수 없다. 구체적으로 어떤 방법을 써서 실천하겠다는 게 없으니까. 이런 식으로는 머지 않아 흐지부지해지고 말 거다.

그래서 필요한 게 스마트(SMART) 법칙이다. 이것은 최적의 목표를 세우는 데 도움을 준다. 이 스마트 법칙을 따르면 구체적인

(Specific), 측정 가능한(Measurable), 달성 가능한(Attainable), 결과 지향적인(Result-based), 마감 시한이 설정된(Time-bound) 목표 설정이 가능해진다.

그럼 스마트 법칙에 따라 앞서 말한 것들을 진짜 목표로 만들어 보자.

> 나는 다이어트를 할 거야.
> → 나는 오늘부터 4개월 동안 매일 한 시간씩 줄넘기를 해서 한 달에 2킬로그램씩 총 8킬로그램을 감량할 거야.

> 나는 돈을 많이 모을 거야.
> → 나는 2014년 12월 31일까지 아르바이트를 해서 종잣돈 1,000만 원을 모을 거야.

> 나는 영어를 잘할 거야.
> → 나는 2014년 12월 31일까지 매일 다섯 시간씩 영어 공부를 해서 토익 800점 이상을 받을 거야.

스마트 법칙에 따라 목표를 정했다면 그 실천 사항의 현실성을 한 번 더 따져보자. 굳은 결심과 상관없이 작심삼일로 빠지게 만드는 방해 요소들이 분명 있을 거다.

예를 들어 '나는 오늘부터 4개월 동안 매일 한 시간씩 줄넘기를 해서 한 달에 2킬로그램씩 총 8킬로그램을 감량한다'는 목표를 세웠다고 하자.

목표 실행 둘째 날, 장대비 때문에 바깥에서 줄넘기를 할 수 없는 상황이다. '비가 오니까 내일 해야지!' 한다면? 당연히 무너지는 거다. 한 번 세운 결심이 무너지면 스스로에게 합리를 가장한 변명을 거듭하면서 목표를 흐린다. 그러다 보면 이내 꿈은 공상이 되어 유야무야 사라진다.

따라서 어떤 목표를 설정할 때는 부수적인 대안들도 세워놓아야 한다. 비가 내려 줄넘기를 못하게 되었다고? 그렇다면 하루 운동분에 맞먹는 대체 가능한 실내 운동을 하면 되는 거다.

만약 하루치의 목표를 지키지 못했다면? 스스로 벌칙을 정해 자신에게 주는 것도 좋다. 예를 들면 하루 운동량을 채우지 못했을 시 그날 저녁을 먹지 않는 것이다. 일주일 동안 매일 운동하여 목표량을 채웠다면 자신에게 재미있는 영화를 보여주는 식으로 포상하는 것도 좋다.

목표를 꼭 달성하고 싶다면 지인들을 한자리에 모아놓고 그 자리에서 나의 목표를 천명해보자. 사람은 누구나 공개적으로 말한 것을 지키려고 노력하게 마련이니까.

『10대, 네 안에 잠든 거인을 깨워라』를 쓴 김태광 작가는 이 책을 통해 자신이 소망하는 일을 더 쉽고 즐겁게 실현하는 방법을 알려준다. 바로 자신이 이루고자 하는 것을 "~하는 중이다"라고 표현하는 거다. 그는 자신이 원하는 것을 생각하고 말하고 쓰는 순간, 이미 그 일을 이루는 '과정'을 시작한 것이라고 말한다.

목표를 사랑하는 사람으로 생각해보면 어떨까? 사랑하는 사람이 가까이에 있는데 그를 소홀히 대할 순 없을 테니까. 목표를 소중히 여긴다면 그걸 이룰 가능성은 훨씬 높아질 테니까 말이다.

스마트 법칙을 이용해 목표를 세우고, 목표를 소홀히 할 것에 대비해 대안도 세웠다. 그러면 이제 진짜로 실천할 일만 남았다. 아, 그 전에 하나 더! 여기서 자신이 세운 목표를 달성할 때 축하해줄 사람이 얼마나 되는지도 생각해보자. 만약 세운 목표를 실천에 옮기는 일이 마음대로 되지 않을 때 나를 격려해줄 사람이 몇 명이나 될까?

설정한 목표를 이루기 위해 노력하는 동안 곁에서 응원해주는 사람이 많다면 그만큼 힘이 나 목표 달성을 하는 데 유리해질 거다. 지금 역시 종이와 펜을 꺼내 나를 도와줄 만한 사람들을 쭉 적어보자. 스마트 법칙에 따라 목표 실행에 도움을 줄 사람들과 자주 만나자.

당연히 내가 세운 목표를 비웃고 방해할 사람과는 가급적 만나지 말아야 한다. 부정적인 사람들은 타성에 젖어 있는 이들이다. 이들은 자신과 가까운 사람이 더 나은 사람이 되기 위해 노력하는 것을 격려하는 대신 방해를 일삼는다는 특징을 지녔다. 그게 습관화되어 있다. 인간이란 원래 현재 생활하고 있는 방식을 좀처럼 바꾸려고 하지 않는다. 이미 습관이 들었기에 옛날과 다른 방식으로 사는 것을 불편해한다. 문제는 이렇게 관성에 젖어 있으면 더 나은 미래를 살 수 없다는 점이다.

모두가 타성에 젖어 있는데, 한 사람이 예전과는 다른 생활방식으로 긍정적인 목표를 세워 실천에 옮긴다면 타성에 젖은 사람들은 불안해하기 시작한다. 그들도 마음속으로는 이전의 생활방식을 계속 유지하는 게 좋지 않다는 사실을 알고는 있다. 하지만 새로운 생활방식으로 살아가는 것은 어색하고 부담스럽기 때문에 결국 변화를 꾀하는 사람마저도 원래대로 행동하게 만들려고 애쓴다.

따라서 과거에 살았던 방식으로 살지 않겠다고 결심했다면 주변에 있는 부정적인 사람들은 경계하자. 진정으로 나를 이해해주는 사람, 응원해주는 사람을 만나자. 부정적인 사람들에게는 내가 세운 계획조차 알리지 말자. 앞서 말했듯 그들은 타성을 깨려는 시도를 불편해하기에 어떻게든 방해하려고 할 테니까.

전염되는 병이 있듯이 사람들의 생활방식 또한 전염된다. 긍정적인 방향으로 목표를 스마트하게 세우고 달성하려는 사람 주위에는 역시 긍정적이고 스마트한 사람들이 모여들게 마련이다. 이런 속성을 내 삶에 끌어들여 시너지화해야 한다. 목표도, 인간관계도 스마트하게 하면 인생이 스마트해진다.

비 전 영 향 평 가 서

■ 내가 품고 있는 비전이 무엇인가?

■ 비전이 실현된다면 내 인생이 얼마나 달라질 것인가?

03

너 자신을 알라?
나는
나를 연구한다

'너 자신을 알라!'

알다시피 고대 그리스 델포이의 아폴론 신전 현관 기둥에 새겨졌다는 유명한 말이다. 과연 우리는 스스로를 얼마나 알고 있을까? 흔히 자신을 자신이 가장 잘 안다고 하지만, 정말 자신을 속속들이 아는 사람은 사실 많지 않다.

진짜로 자신을 잘 아는 사람은 자신이 바라는 일이 무엇인지, 그것을 얻기 위해 뭘 해야 하는지, 어떤 것을 희생해야 하는지를 분명히 안다. 물론 자신이 바라는 것을 얻는 데 방해가 되는 게 뭔지도 안다.

정말이지 간절히 바라는 꿈은 무엇인가? 그 꿈을 꾸게 된 계기는 무엇인가? 누군가가 어떤 사람이 되라고 충고한 적은 없는가?

나는 내가 원하는 것이 무엇인지 아는 데 너무 오랜 시간을 허비했다. 내가 간절히 원하는 진정한 꿈을 찾는데 그게 좀처럼 보이지 않아 때로는 진저리를 치기도 했다. 많은 20대가 공무원 시험에 도전한다. 나 역시 한때는 그 도전자 중의 한 사람이었다. 필기시험까지 합격한 적이 있었지만 면접에서 떨어지고 말았다. 그 때문에 나는 완전히 시험에 흥미를 잃었다.

나는 얼마 전에 비로소 내가 잘할 수 있는 일, 최소한 흥미를 잃지 않을 일이 무엇인지를 깨달았다. 나는 기분 전환을 할 겸 어느 주말 저녁 시간에 뮤지컬 공연장을 찾았다. 내가 가려는 공연장까지는 대중교통을 이용하고서도 조금 더 걸어 들어가야 했다. 그때 일본인 여성 두 명이 자기네 말로 수다를 떨며 가고 있었다. 아마도 일본에서 인기 있는 가수가 뮤지컬에 출연하기 때문에 그 공연을 보러 온 듯했다. 나는 웬일인지 그들을 돕고 싶었다. 그래서 내가 아는 범위의 일본어로 뮤지컬을 보러 가느냐고 물었다. 그 두 여성은 그렇다고 대답했고, 나는 그들을 공연장까지 안내했다.

그들은 내게 무척 고마워했고, 내게 공연 관계자인지를 물었다. 물론, 나는 아니라고 대답했다. 더 하고 싶은 말이 있었지만, 내 일본어 실력의 한계로 거기서 헤어졌다. 그 일을 계기로 나는 일본어를 좀 더 유창하게 하고 싶다는 생각을 했다.

'한국을 찾아온 일본인들에게 유창한 일본어로 친절히 안내하고 싶다. 하지만 관광 가이드가 되고 싶지는 않다'고 말이다.

'일본어를 알아듣고 제대로 말하고 쓰게 된 다음에는 무슨 일을 하지?'

생각한 끝에 나는 일본어 서적을 번역하는 번역가가 되기로 결심했다. 자기계발서를 읽으면서 좋아하는 일본인 작가도 생겼고, 그가 책을 낸다면 빨리 읽고 내가 번역을 할 수 있었으면 하고 바랐다. 물론 멋진 소설을 쓰겠다는 꿈도 버리지 않기로 결심했다. 만약 내가 쓴 소설이 일본에서 번역출간된다면 내가 번역된 원고를 검토하고 싶다고 요구할 수 있을 정도로 훌륭한 번역가가 되고 싶다.

인생에서 꿈을 발견하는 계기는 이처럼 우연히 다가오기도 한다. 20대로서 아직 꿈을 찾지 못했다면 초조해하기보다는 나 자신을 철저히 연구하여 나를 알아야 한다. 프롤로그에서 언급한 심리학자 에이브러햄 매슬로의 말을 다시 기억해보자.

"우리가 원하는 것을 아는 것은 정상이 아니다. 그것은 보기 드물고 얻기 힘든 심리학적 성과다."

내가 원하는 것을 안다면 나는 정말이지 보기 드문 훌륭한 사람일 거다. 이런 생각을 가지고 다음의 질문에 대답해보자.

- 지금 가장 하고 싶은 일이 무엇인가?
- 내가 원하는 직업은 무엇인가?
- 그 직업을 원하게 된 계기는 무엇인가? 혹시 누군가 권유한 일이 그대로 원하는 직업이 된 건 아닐까?
- 나의 장단점은 무엇인가?
- 어릴 적 나의 특별했던 점은 무엇인가?
- 1등, 반장 임명 등 나 스스로 자랑스러워했던 일은 무엇인가?
- 원하는 그 직업을 통해 내가 얻을 수 있는 건 무엇인가? 그 직업으로 성공한다면 사람들이 어떻게 날 평가할까? 훗날 그 직업을

택한 것을 후회하지 않을 자신이 있을까?

• 내가 정말 원해서 한 일을 멋지게 성공한 경험이 있는가?
• 내가 남들과 정말로 다른 점은 무엇인가?

죽음 앞에 섰을 때 사람은 자기 삶에 가장 솔직해질 수 있다고 한다. 지금이 그때라고 생각해보자. 지금까지 살아오면서 가장 후회되는 일은 무엇일까? 다시 한 번 그때로 시간을 되돌린다면 어떻게 해야 할까? 나에게 어떤 재능이 있는지 과연 찾아낼 수 있을까?

『멈추지 마, 다시 꿈부터 써봐』, 『당신의 꿈은 무엇입니까』를 쓴 김수영 작가는 재능을 발견하는 방법으로 세 가지를 손꼽았다.

첫 번째 방법은 스스로 자신이 잘하는 것을 찾아내는 거다. 남들에게는 어렵지만 나이기에 쉽게 해내는 일은 무엇인가? 어떤 일이 생각해볼 것도 없이 쉽고 자연스럽다면 이것은 재능이다.

고등학생 시절, 프랑스어 시간마다 나는 가장 먼저 교과서에 있는 프랑스어 문장을 한글로 해석했다. 아무도 나보다 빨리 하지 못했다. 내 해석은 늘 거의 완벽했다. 하지만 나는 가장 먼저 일어나 번역한 프랑스어 문장을 읽는 일을 항상 부끄러워했다. 그럼에도 돌이켜보면 내 재능은 확실히 언어에 있다고 판단된다. 좀 더 열심히 외국어를 공부하여 유창하게 구사할 수 있다면 외국어를 한국어로 번역하는 일을 잘할 수 있을 거다. 사실, 나는 외국어를 공부하는 일이 즐겁다.

학창 시절에 어느 과목의 성적이 가장 좋았는가? 그 과목을 잘하게 된 계기가 있었는가? 예를 들어 시험이 끝날 때마다 반 친구들이 나의 답안지를 보고 답을 확인하는 과목이 있었는가? 이것만으로도 이미 재능을 발견한 것인지도 모른다.

두 번째 방법은 타인의 시선으로 내 재능을 발견하는 거다. 다른 사람들이 매번 나에게 도와달라고 하는 것들이 있는가? 정작 나는 '이 정도는 너무 쉬운 거 아니야?' 하며 잘한다는 생각조차 하지 않지만 매번 칭찬받는다면 재능이라고 할 수 있다.

세 번째 방법은 아무리 생각해도 내 재능을 모를 경우 주변 사람들에게 객관적으로 평가해달라고 부탁해보는 거다. 김수영 작가는 우리가 좋아하고 잘하는 일을 할 때 훨씬 적은 노력으로 큰 성과를 올릴 수 있다고 말한다. 그녀가 말하는 가슴을 뛰게 하는 그것이 무엇인지 찾는 방법은 무엇일까?

첫째, 내가 가장 즐기는 것을 찾는 거다. 생계와 무관하지만 시간이 날 때마다 하거나 생각하는 것은 무엇인가? 하는 순간마다 행복해지는 그것은 무엇인가?

둘째, 자꾸 눈이 가는 것을 찾는 거다. 나도 모르게 자꾸 눈이 가고 손이 가는 그것은 무엇인가? 그게 바로 내가 원하는 거다.

셋째, 내가 자꾸 이야기하게 되는 화제는 무엇인가? 어떤 주제만 나오면 나도 모르게 흥분해서 계속 떠들게 되는 그런 주제가 있는가?

나는 외국어, 글 쓰기, 뮤지컬이라고 말할 수 있다.

외국어는 나를 즐겁게 한다. 일본어 원서를 손에 넣었을 때 나는 사전을 들고 무작정 해석해나간 적이 있었다. 잘 안 될 때는 인터넷으로 검색하기까지 했다. 물론 누가 시킨 일이 아니었다. 그저 무슨 내용인지 알고 싶어서였다. 그러다가 우연히 여러 외국어를 배우는 것이 치매 예방에 도움이 된다는 연구 결과를 알게 되었다. 나는 절대로 치매에 걸리고 싶지 않았다. 그 연구 결과는 내게 외국어 공부를 열심히 하겠다는 결심을 더욱 굳게 해주었다.

내가 관심을 두는 일 또 하나는 글쓰기다. 역사서를 비롯하여 꽤 많은 책을 읽은 나는 자연스럽게 소설을 쓰고 싶었다. 습작을 꾸준히 해오면서 현재 일제 강점기를 배경으로 한 소설 집필을 계획하고 있다.

마지막으로 뮤지컬이다. 뮤지컬을 볼 때 나는 정말 행복하다. 무대에 선 배우들의 열정이 내 안의 열정을 깨우는 뮤지컬에는 나를 정신없이 빠지게 하는 마법 같은 힘이 있다. 그래서 뮤지컬 제작에 몸담는 것 또한 나의 계획 중 하나다.

나만의 적성에 맞는 직업을 찾는 일은 첫 단추를 끼우는 일과 같다. 첫 단추를 잘못 끼우면 옷을 제대로 입을 수 없고, 옷 모양 또한 엉망이 된다.

내 인생을 남의 의견에 끼워 맞춰 살 것인가? 아니면 외롭고 고

달플지라도 나만의 길을 갈 것인가? 선택은 스스로의 몫이다.

몇 년 전에 할아버지가 돌아가셨다. 할아버지의 죽음을 곁에서 목도한 이후로 나는 한동안 회의적인 생각에 빠져 있었다. '인생? 부질없다!'는 생각 말이다. 할아버지는 결코 삶을 낭비하신 분이 아니었다. '내가 죽는다면 다른 사람들이 나를 어떻게 생각할까?' 하는 데까지 생각이 미치자 점점 더 두려워졌다.

하지만 이제는 말할 수 있다. 내가 원하는 것을 해야만 사람들이 나를 존중할 수 있을 것임을…… 내가 원치 않는 일을 억지로 하면 잘할 수 없을 거고, 늘 빠져나갈 궁리만 할 거다. 그런 상태로는 존중받을 수 없다.

결국 답은 하나다. 나 자신을 연구하여 나를 파악해야 한다. 그래서 진정으로 내가 원하는 것을 찾아 한 번 사는 일생, 신 나게 살아야 한다.

04

니가
진짜로
원하는 게 뭐야?

꼭 이루고 싶은 목표가 있다면, 언제까지 그것을 이루겠다는 구체적인 때를 설정하고 반복적으로 말해보자. 그러면 그 꿈은 반드시 이루어진다. 수십, 수백 번 반복해서 말하는 목표는 얼마나 간절하게 말했느냐에 따라 빨리 이루어진다. 나는 원고를 쓰면서 언제까지 출판사에서 연락이 왔으면 좋겠다고 반복해서 말하곤 했다. 그리고 그 목표는 정확히 이루어졌다.

　혼자일 때든 사람이 많을 때든 상관없다. 바라는 것이 있다면 그것의 성취를 상상하며 반복해서 말해보길 다시 한 번 권한다. 우리는 어른이 되어가면서 사람들의 시선을 너무 의식한다. 옛날에 아무렇지 않게 했던 일을 지금 다시 하기에는 체면이 안 선다는 생각 때문일 거다.

　'내가 이 일을 한다면 다른 사람들이 어떻게 생각할까?'

　기껏해야 우리는 20대다. 이런 생각일랑 길바닥에 던져버리자. 체면 차리는 건 중년에 가서 해도 늦지 않다. 우리에게 지금 필요한 건 끌리는 대로 열정에 따라 저질러버리는 일이다.

　혹자의 말처럼 마음속에서 나 자신을 잡아당기는 끈을 따라가야 한다. 그 끈을 계속 잡고 있으면 성취감을 주는 뭔가를 찾게 될 테니까. 자신의 열정을 찾아야 한다. 돈이 아닌 사랑을 좇아야 한다. 그러면 돈은 자연스레 따라오게 마련이다. 분명한 건 열정을 발견할 때까지 시간이 많이 걸릴지라도 계속해서 열정을 찾아야 한다는 것이다.

소니 픽처스의 한 임원은 이렇게 말했다.

"나는 고등학교 내내 C학점을 받았다. 게다가 아주 게으른 학생이었다. 나는 대학을 졸업하고 나서야 정신을 차리고 큰 성공을 거두었다. 그 이유는 내 열정을 찾았기 때문이다. 당신도 열정을 갖고 있다면 모든 게 달라질 것이다."

월스트리트의 한 유명 투자가 또한 이렇게 말했다.

"반드시 최고의 연봉이 보장되는 직업을 선택할 필요는 없다. 돈을 많이 받는다고 성공하는 것은 아니다. 자신을 가장 뜨겁게 만드는 일을 찾아야 한다. 아침에 눈을 뜨자마자 가장 하고 싶은 일이 바로 우리가 절대적으로 사랑하는 일이다."

미국 애니메이션 〈심슨가족〉을 만든 맷 그로닝 역시 이렇게 말했다.

"당신이 사랑하는 일을 할 때 당신은 그 일에 열정과 열의를 보이게 되고 일을 잘하겠다는 동기를 훨씬 더 많이 갖게 되고, 그럼으로써 더 많이 성공을 하고, 또 돈도 더 많이 벌게 된다."

그렇다. 문제는 열정적으로 일할 수 있는 일이 무엇인가다.

"무보수일지라도 그 일을 하겠는가?"라는 질문을 해보자. 만약 "그렇다!"라는 대답이 나온다면 열정적으로 할 일을 찾은 거다. 만일 "못 한다!"라는 대답이 나온다면 계속해서 열정적으로 할 일을 찾아보면 된다.

나에게는 2014년 12월까지 뉴욕으로 어학연수를 떠나는 목표가 있다. 뉴욕에서 뮤지컬을 보고 한국에선 보기 힘든 뮤지컬 관련 책을 구해 읽을 것이다. 그다음 그 뮤지컬 관련 서적을 제대로 번역할 것이다. 앞으로 7년 안에 미국 뉴욕대학교의 대학원에서 뮤지컬 작가 과정을 공부할 거다. 그래서 독특하고 재미있는 이야기들을 뮤지컬 무대에 펼칠 거다.

물은 100도에서 끓는다. 아무리 기다려도 99도에서는 절대 끓지 않는다. 꿈을 이루기 직전 단 1도를 앞에 두고 포기해버리는 사람이 이 세상에 얼마나 많을까? 임계점을 넘어서야 한다. 더디고 답답하고 고달플지라도 100도를 향해 열정을 불태워야 한다. 그게 성공을 위해 치러야 할 대가다. 원하는 꿈에 집중해보자. 그 꿈을 위해 무엇을 버릴 것인가?

혹자는 최선을 선택할 수 없으면 차선을 택하라고 한다. 그런 말을 하는 사람이야말로 사람들에게 최악을 권하는 것이나 다름없다. 꿈을 이루기 위해서는 최선을 택해야 한다. 남들이 하는 말만 듣고 무엇인가를 한다면 정말 잘못된 선택이 될 수 있다.

옷을 구입할 때를 생각해보자. 100퍼센트 마음에 꼭 드는 옷을 고르지 않고 2퍼센트 맘에 덜 드는 옷을 사면 결국 그 부족한 2퍼센트 때문에 그 옷을 안 입게 된다. 그럴 바엔 차라리 옷을 안 사는 게 낫다.

인간은 습관대로 살아간다. 만약 항상 100퍼센트 마음에 드는 최선의 것을 고르고 행동하지 않으면 최선의 선택 기회가 왔어도 결국 그것을 잡지 못할 거다.

항상 최선의 것을 잡자. 최선의 것을 잡는 습관을 들인다면 행동 역시 최선을 다하게 마련이다. 절대로 차선의 것을 골라서 후회하지 말자. 최선의 것을 골라 좀 더 풍족하고 열정적인 마음으로 살아가자. 역시 그러기 위해선 다시 처음으로 돌아가 자문해야 한다.

"니가 진짜로 원하는 게 뭐야?"

05

내 꿈을 위해
거침없이
하이킥!

꿈이 있는 사람은 당연히 꿈이 없는 사람보다 한 걸음 이상 더 앞서 갈 수 있다. 분명 꿈은 인생을 살아가는 데 엔진 같은 거다. 사실, 꿈이 없는 사람은 없다. 다만, 실행의 의지가 있느냐 없느냐에 따라 있어 보이고 없어 보일 뿐이다.

　꿈꾸지 않는 사람의 내면에도 어렴풋하게나마 꿈이 있고, 그 꿈을 키워서 성공하고 싶은 마음 역시 있다. 문제는 여러 가지 이유로 현실에 치여 더 나은 미래를 꿈꾸지 않는 거다.

　다른 사람에게 자신의 꿈을 얘기했다가 조롱 당한 이도 있을 거다. 반대하는 사람이 부모님일 경우, 그 꿈을 이룰 재능이 없다거나 아니면 경제적으로 도움을 줄 수 없다는 이유를 드셨을 거다. 가까운 사람이 나의 꿈을 반대할수록 그 꿈의 의지는 약해지게 마련이다.

　그럼에도 내 꿈은 결국 내가 이루는 거다. 부모님이 돈이 없다는 이유로 반대한다면 스스로 돈을 벌 방법을 찾아내고 꿈을 이루면 된다. 가족이 아닌 사람들조차도 반대한다? 사실, 사람들은 자기 자신을 가장 많이 생각하지, 다른 사람이 어떻게 생각하든 별로 관심이 없다. 지나치게 간섭할지라도 결국 그건 말뿐인 거다.

성공한 사람들은 선택과 집중에 능하고, 자신이 목표로 하는 일을 해결하는 데에 온 힘을 기울인다. 주변의 부정적인 반응에 아랑곳하지 않고 말이다. 성공한 사람들에게 무슨 재미로 사느냐고 묻는 이도 있을 거다. 그들의 눈에는 성공한 사람들이 집중해서 하는 일이 지루해 보이겠지만, 성공한 사람들은 자신의 일이 성장해가는 데에 쾌감을 느낀다.

꿈이 있는 사람이라면 그것을 현실로 만들기 위해 집중해야 한다. 꿈을 이루지 못하도록 방해하는 외부 요인이 있다면? 거침없이 하이킥 하고 꿈을 향해 달려가면 된다.

내가 꾸는 꿈은 나 자신이 가장 잘 알고 있는 나만의 것이다. 꿈을 지킬 사람은 나밖에 없다. 물론, 20대는 아직 경제적으로 완전히 성숙하지 않은 존재다. 앞가림을 하는 것만으로도 힘들지 모른다. 그럼에도 스스로 꿈을 이루겠다고 결심했다면 당신의 꿈을 흔드는 주변의 말들에 휘둘리지 말아야 한다. 훗날 지난날을 후회하고 싶지 않다면 자신과 자신의 꿈을 최우선으로 생각해야 한다.

20대가 꾸는 꿈은 아직 작은 씨앗에 불과하다. 그 씨앗을 어떻게 큰 나무로 만드느냐는 스스로가 어떻게 하느냐에 달려 있다. 극단적인 말이지만, 가까운 사람들과 꿈을 두고 싸워야 한다면 절대로 물러서지 말자. 그들은 가깝다는 이유로, 거기에서 오는 주관적인 시각으로 나의 꿈을 짓밟으려 들 수도 있다. 이런 점에서 꿈을 꾸고 이루는 데 도움이 되는 사람은 가까운 이들보다 오히려 조금 거리가 먼 사람들일 수도 있다.

어찌되었든 중요한 것은 자신의 꿈을 인정하는 사람과 교류하라는 거다. 그들이 꿈을 키우는 데 산소 같은 역할을 해줄 거다.

아기가 첫걸음마를 시작했을 때를 생각해보자. 아기는 수도 없이 넘어진다. 그렇다고 걸어가기를 포기하진 않는다. 자꾸만 넘어지지만 일어서서 걸어가는 걸 본능적으로 집착하며 즐긴다.

현실로 이루고자 하는 꿈은 아기의 첫걸음마만큼이나 중요하다. 내가 꾸는 꿈을 이루기 위해 절대 외부 환경과 타협하지 말자. 나의 꿈은 누가 대신 꿔주고 이루어줄 수 없는 나만의 것이니까. 조롱받을지라도 꿈을 고수하여 나중에 사람들의 인정을 받을 것인가? 아니면 외부에 휘둘려 꿈을 포기하고 훗날 남 탓하며 후회할 것인가? 선택은 내 몫이다.

지금 누군가 내 꿈에 감 놔라 배 놔라 한다면? 그렇다. '거침없이 하이킥!' 하는 거다.

06

외국물
한번
마셔볼까?

유럽 등 서구권 아이들은 고등학교를 졸업한 뒤나 대학을 다니는 동안 1년 정도 갭이어(Gap year)를 갖는다고 한다. 갭이어란 학업을 병행하면서 혹은 잠시 중단한 채 봉사, 여행, 교육, 인턴, 창업 등 다양한 활동을 직접 체험함으로써 향후 자신이 나아갈 방향을 정하는 시간을 말한다. 하지만 우리는? 암울하다!

　인생 계획을 말할 때 우리는 주로 속도를 생각한다. 몇 살에 대학 졸업을 하고, 몇 살에 취업을 하고, 몇 살에 어느 지위까지 승진을 하는 등 그 나이에 걸맞은 성취를 이뤄야 한다는 조급한 마음을 먹곤 한다.

　하버드대학교나 예일대학교 등 아이비리그에 입학한 한국인 학생들이 중도 포기하는 경우가 많다고 한다. 하버드대학교에 들어가는 목표 이후의 목표를 세우지 않았기 때문이다. 단기적으로 목표를 설정하고 그 목표를 이루는 일, 물론 훌륭하다. 하지만 인생은 생각보다 길다. 단기 목표에 너무 치중하다 보면 큰 그림을 그리지 못하고 중도에 포기하는 사태가 벌어지고 만다.

　지독한 향수병을 앓아 두 달 만에 접긴 했지만 나는 호주 워킹홀리데이를 떠난 적이 있다. 어찌 보면 이것도 단기 목표에 집착한 결과인지도 모르겠다. 뭐, 결과야 어찌되었든 호주에서의 생활이 완전 허송한 것은 아니었다. 아주 짧은 기간이었지만 분명 내 시야를 넓히는 기회가 되었으니까.

호주의 백호주의 인종차별이 유명하다곤 하지만, 다행히 내가 만난 호주 사람들은 모두 호의적이었다. 호주에서의 생활이 막바지에 이르렀을 무렵, 나는 지하철을 타고 가다가 감정이 북받쳐 어느 현지인 할머니를 붙잡고 내가 겪었던 일을 영어로 하소연했다. 15분 정도 이야기하면서 그분께 내가 한 말을 알아들었는지 확인하자 그분은 알아들었다고 했다. 그때 영어로 외국인과 말을 해도 최소한 두렵지는 않겠다는 생각을 했다. 우울한 외중에 자신감을 얻은 거다.

혹시 지금 방황하며 한국에서만 살기에는 너무 좁다고 느낀다면 방학을 이용하거나 휴학을 해서 외국으로 나가보길 권하고 싶다. 우리나라보다 잘사는 나라든 못사는 나라든 일단 나가서 이제까지 보지 못했던 새로운 것을 보고 들으면서 경험을 쌓는 일이 중요하다. 이런 점에서 특히 어학연수 등으로 영어권 나라에 간다면 몇 가지 조언해주고 싶은 게 있다. 외국물 먹는 일을 계획하고 있다면 작으나마 도움이 되길 바란다.

어디로 가서 얼마간 머물 것이며

자금, 숙소 문제를 어떻게 할 것인지를 상세히 준비하자.

첫째, 한국인이 많은 곳에 가면 덜 외로울 수 있겠지만 그럴 바엔 한국에서 원어민 회화 강좌를 듣는 게 낫다. 가급적 한국인이 없는 곳으로 가는 걸 추천한다.

둘째, 자금은 어떻게 마련할 것인가? 부모님께 얻어낼 것인가, 스스로 마련할 것인가? 부모님께 얻어냈을 경우 어학연수를 다녀온 뒤에 눈에 보이는 성과(예를 들어 취직)를 내지 못했을 경우 집안에 분란이 일어날 수 있다. 자립한다는 차원에서 스스로 마련하는 걸 추천한다.

셋째, 숙소 문제다. 홈스테이나 셰어를 하는 경우와 같이 다른 사람과 같이 지내야 할 경우가 현실적이긴 하다. 이 경우 같이 지낼 사람이 외국인이냐 한국인이냐에 따라 다른 문제가 생길 수 있다. 특히 질이 안 좋은 외국인과 함께할 경우 인종차별 발언 같은 황당한 상황과 만날 수 있다. 한국인일 경우 향수병에 덜 시달리는 것은 물론 한국 음식 때문에 갈등을 빚을 가능성은 거의 없을 거다. 하지만 앞서 말했듯 영어 공부에 소홀해질 수 있다는 단점이 있다.

현지에서 어떻게 영어 공부를 할 것인지

구체적으로 정하자.

제발 어학연수를 가더라도 현지에 있는 도서관에서 하루 종일 머물지는 말자. 도서관은 영어 한마디 제대로 말하기 힘든 공간이다. 그곳에서 독해 공부를 할 생각인가? 독해라면 우리나라 도서관에서도 얼마든지 공부할 수 있다.

현지에서 나오는 영어 방송을 들으며 공부하는 방법을 생각한다면 어학연수 가는 것 자체를 다시 고려해보자. 한국에서도 얼마든지 CNN이나 BBC 방송을 들을 수 있으니까. 그럴 바엔 차라리 할리우드 영화나 미국 드라마, 영국 드라마로 공부하는 게 낫다.

지금
인생에
불 밝히세요!

우선 한국에서 영어를 철저하게 공부한 뒤에 어학연수를 떠나는 것이 자신감을 얻는 데 효과적이다. 영어 공부를 한국에서 한다고 생각한다면 원어민이나 한국인 회화를 생각하기 쉽다. 그렇지만 학원에 다니더라도 스스로 공부하지 않는다면 돈만 낭비하게 된다. 한국에서 어느 정도 영어 실력을 닦고 외국인을 대해도 두렵지 않다면 그때 어학연수를 가는 것도 좋다.

무엇보다 현지에 가면 영어 실력이 놀랍도록 향상될 것이라는 환상은 버리자. 실제 어학연수를 갔던 사람들이 이구동성으로 하는 이야기가 "이럴 줄 알았으면 한국에서 영어를 좀 더 공부하고 올걸"이다.

현지에서 알바를 할 것인지,
한다면 어떤 알바를 할 것인지 정하자.

외국에서 알바를 한다면 어떤 알바를 할 것인가? 외국인과 직접 마주친다면 영어가 늘 것이라고 무작정 기대하지는 말자. 육체노동을 많이 하는 알바의 경우, 상급자의 지시만 따르면 되는 일도 있다. 이 경우 실제로 말할 기회는 별로 없다고 보면 된다.

정말 돈이 급한 상황에서 알바를 할 경우 자칫 영어 실력이 부족해 해고되는 경우도 있다. 이 경우 경제적 문제가 해결이 안 될뿐더러 스스로에게 실망해 자신감이 바닥을 헤매게 될 수도 있다는 사실을 염두에 두자. 정말로 알바를 하고 싶다면 우선 영어 실력을 닦는 것이 우선이다. 그리고 알바를 시작하자면 한마디라도 더 한다는 심정으로 열심히 일하면서 말하도록 하자.

끼리끼리 어울리는 것은 피하자.

특히 여성일 경우 화장실까지 같이 갈 정도로 붙어 다니는 경우가 있다. 영어를 잘하는 현지인들과 어울린다면야 영어 실력도 향상될 테니 문제될 게 없다. 문제는 영어를 이용하여 의사소통을 할 가능성이 거의 없는 사람들과 어울리는 것이다. 영어를 배우러 온 것인지 친구를 만들러 온 것인지 분명히 하자. 부디 왜 비싼 돈까지 들여가며 외국으로 왔는지 다시 생각하자.

내 경우, 버스를 타고 가다가 서양인이 영어 기초 교재를 들고 있기에 어디에서 왔는지 물어본 적이 있다. 알고 보니 호주로 어학연수를 온 이탈리아 사람이었다. 또한 도서관에 있을 때 아시아계 여성과 작은 목소리로 이야기를 나눈 적이 있다. 파운데이션 과정을 공부하고 있는 인도네시아 사람이었다.

외국까지 와서 영어를 공부하러 왔다면 좀 더 적극적으로 이야기하자. 외국인을 만나기 전에 무슨 이야기를 할 것인지 미리 정하고 대화를 시도하자. 현지 대학을 방문하여 영어로 이야기할 친구를 구한다는 광고를 붙여도 좋다. 자신이 얼마나 적극적인 태도를 보이느냐에 따라 영어 실력은 차이가 날 거다.

비 전 영 향 평 가 서

■ 내가 품고 있는 비전이 무엇인가?

■ 비전이 실현된다면 내 인생이 얼마나 달라질 것인가?

CHAPTER 2

월요병에 시달린다고?
굿바이, 월요병!
_ 일 *Work*

01

불행 속에도
기회는
있다

나 자신은 과연 얼마나 능력 있는 존재일까? 사람은 누구나 무한한 잠재력을 가지고 있다. 이 사실을 믿을 때 우리 안에 있는 무한한 잠재력은 작은 씨앗 속에 숨어 있는 거대한 나무처럼 적절한 조건 속에서 엄청나게 성장할 수 있다. 하지만 많은 이가 평범한 일상 속에서 자신 안에 있는 잠재력을 그냥 방치하는 경우가 많다.

　우리는 우리 안의 잠재력을 깨워 그것으로 삶을 더 행복하게 끌고 가야 한다. 문제는 그 잠재력을 어떻게 깨울 것인가 하는 거다. 사실, 삶이란 행운과 불행의 연속이다. 인생에서 행운이 오면 불행도 오게 마련이다. 그 누구도 살면서 불행을 피할 순 없다. 중요한 것은 불행이 들이닥쳤을 때, 바로 이때를 내 잠재력을 깨워 나를 변화시킬 기회의 시점으로 삼아야 한다는 점이다. 따라서 지금, 불행하다고 생각된다면? 바로 이 순간이 내 안에 잠자고 있던 능력을 깨우고 발휘할 기회라고 생각해보자.

　역사적으로, 무에서 유를 창조한 도시가 있다. 567년, 이민족에 쫓겨 내려온 롬바르디아의 피난민들이 만(灣) 기슭에 마을을 만들었다. 그곳은 사람이 살 만한 아름답고 비옥한 땅이 아니었다. 강과 바다가 만나는 곳에는 퇴적물이 쌓인 채 온갖 오물의 고약한 냄새가 진동했다. 그뿐인가. 소금 갯벌인지라 농사를 지을 수 없을뿐더러 집을 짓기조차 힘들었다. 평화로운 삶을 앗아간 야만족들이 언제 또 다시 쳐들어올지 모르는 상황에서 피난민들은 어떻게 행동했을까?

피난민들은 야만족들이 무엇을 원하는지 잘 알고 있었다. 그것은 책을 비롯한 옛 로마제국의 사치품이었다. 책이 사치품이 된 이유는 당시 유럽에 종이 공급이 끊겨 책을 만들 수 없었기 때문이다. 무엇보다 문맹으로 살던 야만족들은 서로마제국에서 글을 접한 뒤 책이야말로 새로운 세계를 이끄는 나침반이라는 사실을 깨달았다. 그랬기에 서로가 앞다퉈 약탈에 열을 올렸다.

서로마제국을 멸망시킨 야만족들은 각지를 돌며 약탈했는데, 약탈하면 할수록 더 많은 사치품에 집착했다. 하지만 이들이 서로마제국을 약탈하는 동안 수출입 통로가 끊기는 바람에 더 이상 사치품을 구할 수 없었다. 당시 야만족들에게는 약탈해서 쌓은 금이 많이 있는 상태였다.

이런 상황에서 피난민들은 여전히 건재한 동로마제국의 사치품을 야만족들에게 팔자는 생각을 했다. 동로마제국의 서적을 비롯한 사치품을 내다 팔고 야만족들의 금은을 받아 그 돈으로 이집트, 발칸 반도의 과일과 곡식을 사들이고 노예와 노동자들을 구해 황폐한

섬들을 살 만한 곳으로 바꿀 계획을 세운 거다.

문제는 동로마제국의 사치품을 어떻게 구입할 것인가 하는 거였다. 피난민들은 당시 이탈리아에 있는 동로마제국 장교들을 설득해 투자금을 받았다. 동로마제국의 장교들은 야만족들에게 자국의 사치품을 팔면 돈이 될 것임을 알았지만 야만족들을 토벌하라는 명령을 받고 있었기에 야만족과의 직접 무역은 불가능했다. 동로마제국 장교들로서는 피난민들에게 투자금을 대주면 위기에 처한 이들을 돕는다는 명분도 얻고, 불가능했던 야만족들과의 무역을 통해 수익을 내는 실리도 얻을 수 있었다.

투자금을 받은 피난민들은 건물을 짓고 배를 만들어 동로마제국으로 보냈다. 그러고는 야만족들이 선호할 만한 것들을 들여왔다. 야만족들의 왕은 피난민들이 살고 있는 섬으로 사람들을 보내 구하기 힘든 옛 로마제국의 사치품을 구입했다.

그렇게 발전하기 시작한 도시가 바로 물의 도시 베네치아다. 이런 식으로 무역 기반을 닦아나간 베네치아는 훗날 유럽 최고의 무역 항구도시로 성장했다.

이처럼 어떤 불리한 상황에 있다 하더라도 주변 환경을 잘 활용한다면 다시 일어설 수 있을뿐더러 이전보다 더 발전할 수 있다. 불행 속에는 반드시 기회가 있다. 만약 롬바르디아의 피난민들이 불행한 상황에 압도된 채 아무런 생각도, 행동도 하지 않았다면 베네치아라는 상업도시 속에서 부를 누릴 수 없었을 거다.

가난을 좋아하는 사람은 없다. 가난이란 무서운 거다. 평화롭던 가정이 경제적 어려움을 겪으면서 무너지기도 하지 않는가! 가난, 그 결핍은 우리에게 어떤 의미가 있는 걸까?

아트스피치의 김미경 원장은 결핍이야말로 꿈의 에너지원이라고 말한다. 그녀는, 결핍에는 두 가지 종류가 있다고 설명한다. 바깥에서 갑자기 생긴 외부 결핍과 개인이 스스로 만들어내는 내부 결핍이 그거다.

사람들이 겪기 싫어하는 갑작스러운 해고, 육체적 사고, 순조롭던 사업의 부도 등이 바로 외부 결핍이다. 성공한 사람들 중 상당수가 이러한 외부 결핍을 극복하고 다시 일어섰다. 그녀는 관성의 법칙에 따라 보통 사람들은 평소 하던 생활 습관에서 벗어나기 어렵다고 설명한다. 하지만 갑작스럽게 닥쳐온 엄청난 고난이 삶을 뒤흔드는 이 지점에서 살아남아야겠다고 결심하는 순간 결핍 센서가 작동하기 시작한다고 말한다.

그녀는 사람이 부족한 것을 채우기 위해서는 그 사실을 반드시 인지해야 한다고 충고한다. 실제로 삶에서 갑자기 고난을 겪은 사람들은 잠들어 있던 결핍 센서를 활성화하면서 용기, 도전 같은 강력한 에너지를 꺼내 불태운다. 돋보기로 종이를 태우기 위해서는 햇빛을 한곳에 모아 오랫동안 비추어야 한다. 마찬가지다. 결핍 역시 선택의 폭을 좁혀 단 하나에 깊이 몰입하는 인생의 돋보기로 삼아야 한다. 고난이 강력할수록 선택권을 좁혀 나에게 온 단 한 번의 기회를 잡아 단 하나의 능력을 필사적으로 몰입시켜야 한다. 김미경 원장은 고난으로 결핍 센서가 작동하면, 이후 한 번의 고난 극복 다음에도 스스로 결핍을 만들어 성장하게 된다고 설명한다.

중요한 것은 안주해선 안 된다는 점이다. 지금 가장 마음에 드는 상황에 있다고 안심하며 취하지 말자. 주위 환경이 변화할 기미를 보이지는 않는지 점검하자. 승진했다고 좋아했다가 몇 달 만에 해고 대상이 되는 황당한 상황이 올 수도 있다. 우리는 끊임없이 결핍 센서를 켜고 위기를 주시하며 그 속에서 기회를 포착해야 한다.

스스로에게 다가온 엄청난 고난을 극복한 인물이 있다. 그녀는 한국에서 명문여대를 졸업하고 결혼한 뒤 뉴욕에서 살았다. 풍족한 집안에서 태어난 덕분에 손에 물 한 방울 묻히지 않았다. 뉴욕에서 10년을 사는 동안 고액 연봉자인 남편 덕분에 여전히 돈 걱정 없이 살았다. 하지만 갑작스레 남편이 폐암으로 사망하면서 더 이상 기댈 곳이 사라지게 되었다. 아이들과 함께 살기 위해서는 그녀가 돈을 벌어야 했다.

스스로 살아남기 위해 그녀는 독하게 마음먹고 아이들을 한국 친정에 3년간 맡긴 채 특수 분장과 메이크업 일을 하기 시작했다. 친정이나 주변에서는 그녀를 말렸지만, 그녀는 이전까지 남에게 의존하던 삶에서 벗어나 홀로서기를 하는, 자기 인생의 주인이 되고자 했다.

그녀는 부유한 집안에 기대 특수 분장과 메이크업을 배우지 않았다. 사실, 그녀가 처음에 생각한 직업은 간호사였다. 하지만 간호학을 배우기 위해서는 긴 시간과 돈이 필요했기에 우선 돈을 벌기 위해 전화번호부를 뒤져 단기 속성으로 메이크업을 배웠다. 그녀는 그저 생각만 하고 있었다면 특수 분장을 배울 수 없었을 거라고 고백한다.

제인 최라는 이 여성은 메이크업을 배우면서 막연히 간호사를 떠올릴 때보다 평생을 걸어볼 만한 더욱 구체적인 꿈이 떠올랐으며, 무엇보다 마음이 열정으로 가득 찼다고 말한다. 돈벌이가 좋다는 말에 시작한 일이었지만 그녀는 열정을 다했고, 보통 주 5일만 근무하는 다른 메이크업 담당자들과는 달리 24시간, 주 7일 내내 뛰어다녔다. 버락 오바마 대통령, 빌 클린턴 전 대통령, 힐러리 클린턴 국무장관 등의 정치인들에서부터 벤 어플렉, 드류 베리모어, 매튜 폭스, 산드라 오, 이사벨라 로셀리니 등 쟁쟁한 스타 배우들의 메이크업을 해준 그녀는 현재 미국 메이저 방송국 NBC에서 16년째 일하고 있다.

일하면서 혹은 공부하면서 어떤 원칙을 세워 공부하고 있는지 스스로를 확인해보자. 제인 최는 메이크업 일을 시작하면서 '하지 못할 일은 없다'라는 원칙을 세웠다고 한다. 아무리 어려워 보이는 일이라도 일단 받아서 고민하고 연구하며 주변 사람들에게 조언을 구하다 보면 반드시 해결책이 나온다고 그녀는 강조한다. 그녀는 아무리 작은 기회라도 그것을 잡아서 성공적으로 수행하다 보면 또 다른 기회가 생긴다는 것을 그녀의 삶을 통해 보여줬다.

메이크업 일을 시작했을 당시 그녀는 영어도 서툴렀다. 세상 물정도 모르고, 유명한 메이크업 학교를 나온 것도, 그렇다고 정규 교육을 받은 것도 아니었다. 콧대 높은 뉴요커들이 그런 그녀에게 자신의 얼굴을 내맡길 리 만무했다. 그렇기에 그녀는 돈을 제대로 받지 못하더라도 독립영화, 필름스쿨 학생들의 졸업 작품을 도와주며 경력을 쌓았다.

그녀에게는 더 이상 잃을 게 없었다. 미래에 무엇이 기다리고 있는지를 생각하는 일조차 그녀에겐 사치였다. 그녀에겐 오직 '오늘'과 '지금', '바로 이곳'만이 있었을 뿐이다. 아무리 작더라도 지금 하고 있는 일에 최선을 다하여 인정을 받는 일만이 최대의 목표였다.

주변 사람들의 만류에도 불구하고 그녀는 자신의 일에 최선을 다했다. 만약 그녀가 주변 사람들의 말에 휘둘려 일을 그만두었더라면 그녀는 현재와 다른 삶을 살았을 것이다.

지금 하는 일의 진가를 알아보지 못하고 포기하도록 만드는 생각 혹은 말에 넘어가선 안 된다. 그런 것에 넘어가는 한 절대로 성공할 수 없다.

내 일을 놓고 일반화의 오류를 앞세워 감 놔라 배 놔라 하는 사람들의 말에 흔들리지 말자. 어차피 내 인생은 내 거다. 인생? 별거 없다. 그냥 가는 거다. 위기 혹은 불행 속의 기회를 노려보며, 결핍의 센서를 매 순간 켜고, 현재 나에게 다가온 기회일지도 모를 작은 일에 최선을 다하자. 한 발 한 발 그렇게 나아가다 보면 큰 기회가 올 것이고, 어느새 그 기회가 나만의 성공을 가져다줄 거다. 분명, 불행 속에도 기회는 있다.

사람들의 말에 흔들리지 말자.
어차피 내 인생은 내 거다.
작은 일에 최선을 다하자.
한 발 한 발 그렇게 나아가다 보면
큰 기회가 올 것이고,
어느새 그 기회가 나만의 성공을 가져다줄 거다.

02

다른 누구도
아니다.
나는 나!

이 세상에는 남들 하는 대로 해야만 하는 암묵적 규칙이 있다. 다른 사람이 대학을 가니까, 어학연수를 가니까 나도 가야 한다. 대학교 졸업장만으로는 모자라 남들 하는 대로 대학원에도 진학해야 한다. 왜? 목적은 하나다. 바로 취직이다.

IMF 경제위기와 2008년 세계 경제위기로 사람들의 평생직장 마인드가 깨져버렸다. 언제든 실업자가 될 수 있는 불안한 자리 위에서 직장인들은 그렇게 하루하루를 버티어 나아간다. 그러다 보니 취업 준비생들조차도 바라는 것은 오직 안정뿐인 듯하다. 안정된 직업 혹은 남들 보기에 훌륭한 직업인 대기업 입사, 공무원 임용 시험을 정신없이 준비한다. 마치 앞만 보고 내달리는 경주마처럼 말이다.

나 역시 남들 다 하니까 수능을 준비했고, 대학을 갔고, 적당히 강의를 들었고, F학점이 안 나올 정도로만 공부했다. 지금 생각해보면 무슨 배짱으로 그랬는지, 아찔하다. 내가 고민했던 것은 '정말 무슨 일을 해야 하지?'였다.

북한학을 전공하면서 이걸 공부한다고 통일되거나 북한이 변화하지 않을 것이라는 생각이 들었다. 북한학을 공부해봤자 달라질 게 아무것도 없다는 데 생각이 미치자 답답해졌다. 차라리 취직이나 빨리 준비할 것을, 하는 후회까지 몰려왔다. 그러면서 나는 도서관에서 책을 끼고 사는 데 익숙해졌다.

성공하기 위해서는 선택과 집중에 능해야 한다는 말을 들어보았을 거다. 나는 모든 일을 '이것이 책 쓰기에 도움이 되는가, 되지 않는가'로 판단했다. 도움이 된다고 생각하면 그 일을 했고, 되지 않는다고 생각되면 어떻게든 하지 않으려고 했다. 이는 2013년 5월 '한국 책쓰기 코칭협회' 김태광 회장의 책 쓰기 강연을 듣고 시작한 일이다.

이 책은 나의 두 번째 원고다. 첫 번째 원고는 출판사에서 전부 거절했다. 두 번째 원고를 쓰면서 나는 행복했다. 무엇보다 제대로 해야 할 일을 하고 있다는 생각이 들었으니까.

평생직장이라는 말은 이제 죽은 말이 되었다. 한 직장에 평생 머물 수 있으리라고 믿는 사람은 순진한 바보다. 그렇게 한 직장만 의지한 채 노후를 준비했다가는 제대로 뒤통수 맞을 거다.

안정적인 노후를 위해서라도 평생 끌고 갈 수 있는 일을 찾아야 한다. 현재의 직장에 모든 걸 걸어선 안 된다. 언젠가 직장은 분명 나를 배신할 테니까. 한번 자문해보자.

• 나는 무엇을 하고 싶은가?

- 내가 좋아하는 일은 무엇인가?
- 내가 잘할 수 있는 일은 무엇일까?
- 성공한다는 말은 무슨 의미일까?
- 얼마나 돈을 벌어야 성공한 사람이라고 할 만할까?
- 자유롭게 시간을 쓸 수 있다면 무엇을 가장 하고 싶은가?

이 책을 읽는 20대에게 꼭 하고 싶은 이야기가 있다. 바로 20대를 남들과 똑같이 보내려고 하지 말라는 거다.

나 자신이라는 보물을 제대로 알려고 하지 않는다면 시간만 낭비하고 말 거다. 당연히 아무도 나라는 보물을 제대로 평가하지 않을 거다. 나 스스로가 무엇을 좋아하고 싫어하는지, 어떤 일을 할 때 행복해하는지, 잘하는 일이 무엇인지, 충분한 시간을 갖고 생각해야 한다.

사실, 내 20대는 거의 기억에 남을 만한 게 없다. 되는 대로 시간을 보낸 탓이다. 나와 같은 전철을 밟지 않길 바란다. 어쩔 수 없이 사는 게 아닌, 반드시 살아야 하는 이유를 가지고 인생을 펼치기 바란다. 나보다 어린 사람이 잘나가는 것을 보고 절망에 빠지지 말기 바란다. 그 사람은 나보다 오래전에 해야 할 일을 정했고, 그 일에 푹 빠져 있기에 그렇게 된 거니까.

더 늦기 전에 무슨 일을 할 것인지 분명히 정하자.

"앞으로 무슨 일을 하면서 살 거야?"

많은 이가 이 질문에 제대로 대답하지 못한다. 인생을 어떻게 꾸려나갈지 정하지 않고 사는 사람이 생각보다 많은 거다. 그저 남들 가는 길을 따라 가는 거다.

이제는 바꿔야 한다. 흔히 진로의 갈림길에서 용기를 내라고 말한다. 그 용기라는 게 무엇인가? 말로만 그럴싸하게 배설하는 용기는 용기가 아니다. 자기 자신을 솔직하고 냉정하게 바라보고 현실을 이성적으로 대처하며 결연하게 실행하는 게 진짜 용기다.

앞서 언급했지만 나는 우선 열심히 책을 쓸 거다. 소설을 최소한 두 권 이상 써 그걸 영화화 혹은 드라마화할 거다. 물론, 최종 목표는 뉴욕대학교 대학원을 거쳐 40세가 되기 전에 뮤지컬 작가로 활동하는 거다.

지금 어떤 꿈을 꾸고 있는가? 어떤 삶을 살면서 이 세상에 내 흔적을 남길 생각인가? 한 번 사는 인생, 남들처럼 사는 건 재미없다. 남들이 가니까 나도 가야 한다고? 피동적인 인생은 생각만 해도 갑갑하다.

나는 나다! 남들과 다른 나만의 인생을 나만의 빛깔로 만들어 나아가보자.

03

꿈의
직업을
찾아서

자명종이 시끄럽게 울린다. 한두 개도 아니고 다섯 개를 한꺼번에 켜놓았으니 무척이나 시끄럽다. 김 대리는 억지로 몸을 일으켜 자명종을 죽이려고 허우적댄다. AM 6시. 8시 반까지 출근하려면 서둘러야 한다. 하지만 몸이 생각대로 움직여주질 않는다. 메이크업은 둘째치고 세면조차 귀찮다.

러시아워! 지하철 역시 사람들로 꽉 차 있다. 운이 좋으면 환승역마다 빈 자리를 얻을 수 있겠지만, 가능성은 거의 제로! 아마도 내릴 때까지 서서 가야 할 것이다.

입사한 지 석 달째다. 입사하기 전에는 그저 합격만 시켜주신다면 회사에서 가장 열심히 일하는 여사원, 가장 일찍 출근해서 가장 늦게 퇴근하는 열혈 사원이 되리라 결심했지만, 어느새 그 열정도 온데간데없다.

그녀는 수요일인 오늘이 가장 출근하기 싫다. 회사 전체에서 회의가 있기 때문이다. 이름만 회의이지 사실 실적 달성 유무를 따지고, 그것에 따라 공개 비판이 자행되는 자리일 뿐이다. 그녀 역시 자신의 성과를 놓고 공개 비판 단두대에 오르곤 한다. 그때마다 그녀는 심한 굴욕감을 맛본다.

시간에 맞춰 제때 출근했다. 입사하기 전에 대학교 선배 하나가 그녀에게 충고했던 것을 그녀는 아직도 기억한다.

"일단 출근 시간을 꼭 지켜야 해. 실력도 없는데 매일 지각하면 위에서 좋게 보질 않아. 사내에서 권력 다툼이 벌어지면 절대 끼어들지 말고……. 그냥 '나는 아무것도 모르는 바보다'라고 생각하면서 행동하라고. 괜히 나중에 사표 쓰란 이야기 듣고 싶지 않으면 입 다물고 조용히 있는 게 상책이야."

그녀는 선배가 한 충고를 한 번도 어긴 적이 없다. 매일 제시간에 출근하고 다른 사람이 무슨 '뒷담화'를 하든 끼어들지 않았다. 그렇게 3개월째 근무하고 있었다. 사실, 회사에서 월급이 꼬박꼬박 나오니 딱히 욕심 부릴 일도 없다.

회사에서 전 직원을 대상으로 한 회의가 시작된다. 사장이 실적을 달성한 직원들을 일어나게 한 뒤 박수를 받게 한다. 그다음, 공포의 순서가 돌아온다. 실적을 달성하지 못한 직원들을 세워놓고 사장은 집요하게 왜 실적을 달성하지 못했는지를 따져 묻는다. 예의 직원들은 입술을 깨물다시피 하며 꼭 달성하겠다는 다짐을 천명한다. 그녀는 서서히 식은땀을 흘리기 시작한다. 이제 그녀의 부서 차례다.

사장이 직원들에게 일장 연설을 늘어놓는다. 사장은 늘 그렇듯 실적을 올려야 하는 이유로 회사의 목숨을 위태롭게 만든다. 사실,

회사의 비전은 그녀에게는 뜬구름 잡는 이야기다. 너무 멀고 거창해서 잘 와닿지 않는다. 그녀가 가장 바라는 일은 월급이 제대로 나와 대학 시절에 생긴 대출금을 빨리 갚는 것이다.

다행인지 불행인지 그녀의 부서는 긍정적인 평가를 받으며 전원이 무사히 공개 비판 시간을 피했다. 그러다 보니 어느 순간 그녀는 낙서를 하고 있는 자신을 발견한다. 아니, 만화를 그리고 있었다. 젠장! 그녀는 남몰래 한숨을 쉰다.

사실, 그녀는 대학 원서를 쓸 때 만화학과에 가고 싶었다. 하지만 부모님이 공무원이 되어야 한다며 억지로 행정학과에 원서를 쓰게 했다. 운이 좋은 건지 나쁜 건지 알 수 없었지만 그녀는 행정학과에 합격했다. 그녀는 창피를 당하지 않을 정도로만 공부하면서 틈틈이 만화를 그렸다. 대학을 졸업한 뒤 그녀는 200여 개 회사에 원서를 썼고, 지금 다니고 있는 회사에 간신히 합격했다.

그녀는 회의가 길어지는 것에 오히려 감사했다. 뒷자리에 앉아 있었기 때문에 그녀에게 뭐라 할 사람이 없다. 그저 박수가 나올 때 적당히 따라서 호응해주면 된다. 회의가 계속 늘어질수록 그녀는 새로운 만화의 아우트라인을 짜는 데 점점 빠져들었다.

이 이야기가 혹시 우리의 일상과 닮았다는 생각은 들지 않는가? 김 대리의 유일한 흥밋거리는 만화 그리기다. 그녀가 부모님의 권유를 뿌리치고 만화학과에 갔다면 어떻게 되었을까? 부모님과 아직까지도 심한 불화를 겪고 있을까? 분명한 사실은 그녀가 지금 회사에서 일을 할 때보다 만화를 그릴 때 더 행복해한다는 사실이다.

성공하려면 자신이 좋아하고 잘하는 일을 해야 한다. 이 사실은 누구나 알고 있다. 하지만 막상 생계 문제 앞에선 그 길을 가기란 쉽지 않다. 그럼에도 생각해보자. 평생 한 회사를 다닌다는 것은 거의 불가능하다. 한 회사를 평생 다닐 사람은 창업주 정도일 거다. 인생을 넓게 본다면 결국 내가 좋아하는 일을 해야 한다. 그래야 행복한 일생을 살 수 있다.

밥 세 끼보다 좋아하는 일이 무엇인지 생각해본 적이 있는가? 현실에 치여 하지 못했던, 좋아하는 일을 다시 한 번 떠올려보자.

무슨 일을 하든 10년 이상 하면 안목이 깊어진다. 10년 동안 즐겁게 지속할 수 있는 일은 무엇일까? 어떤 이들은 성공한 사람을 바라보며 "그들은 천재니까"라고 말하며 그가 했을 노력을 간과한다. 분명 그들은 엄청난 노력을 기울인 사람들임에도 불구하고, 그 노력들은 찾아볼 대상도 되지 못한다.

피카소는 평생 그림을 2만 점 이상 그렸고, '음악의 아버지' 바흐는 매 순간 음악에 빠져 작곡에 몰두했다고 한다. 이른바 천재라는 이들도 이처럼 오랜 기간 노력했는데 보통 사람들이 이 정도 노력을 하지 않는다면 과연 성공의 그림자라도 밟을 수 있을까?

오직 꾸준한 노력만이 성공의 열매를 맛볼 수 있다. 노력은 성공과 비례하는 절대적인 영향을 미친다.

"나는 ~에 열정 있다"고 말하지만 그 말은 어떻게 증명할 수 있을까? 잠시 어린 시절을 생각해보자. 어떤 일을 하려고 하지만 부모님은 다른 일을 끝내고 나서 하라고 한다. 그런 말을 들었을 때, 부모님이 말씀하신 일을 빠른 속도로 마치고 자신이 원하는 일을 한 경험이 있을 것이다.

열정을 표출하기 위해서는 속도를 높이는 것이 유일한 방법이

지 싶다. 모든 영역에서 압도적인 속도로 업무를 소화해나갈 때 상사, 혹은 상대방은 열정을 느끼게 된다. 사람들에게 열정을 느끼게 하면서 빠른 속도로 해낼 수 있는 일이 무엇인지 생각해보자.

『1인 기업이 갑이다』를 쓴 윤석일 작가는 시간과 치열한 열정과 강한 도전정신만 있다면 취미생활을 자본으로 누구나 1인 기업가가 될 수 있다고 말한다. 그는 남이 만든 회사가 아니라 자기 이름으로 된 1인 기업을 경영하는 사람만이 평생 현역으로 살 수 있다는 확신을 준다. 평생직장이 사라져가는 지금 열정과 비전 그리고 행복 속에서 살 수 있는 평생 직업이 될 1인 기업으로 스스로를 고용하라고 권한다.

현재 경제 상황이 나쁘다는 것은 알고 있을 것이다. "IMF 때보다 더 심각한 불경기다"라는 말이 심심찮게 들려온다. 그러다 보니 대학을 다니면서 등록금 대출을 받았기 때문에 아무 회사든 입사만 하면 된다고 생각할지도 모르겠다. 혹시 취업 준비생이라면 원하는 직업으로 일자리를 구하고 있는지 점검해보자.

2009년 취업에 성공한 신입사원 중 1년 이내 그만둔 비율은 대기업 13.9퍼센트, 중견기업 23.6퍼센트, 중소기업 39.6퍼센트에 달한다고 한다. 취업포털 '사람인'이 최근 2년 미만의 경력을 보유한 직장인 1,873명을 대상으로 조사한 결과에서도 다른 기업에 신입사원으로 지원할 의향이 있다고 대답한 비율은 73.6퍼센트나 된다.

이런 결과가 나온 이유는 무엇일까? 사람들이 자신이 진정으로 원하는 것이 무엇인지 철저히 생각하고 파고들지 못했기 때문이다. 당장 눈앞에 보이는 직장에 환상을 가질 수도 있지만 그 환상은 오래가지 않는다. 회사는 이윤을 추구하는 조직이고, 한 구성원이 이윤을 제대로 내지 못하면 그 구성원을 해고한다.

IMF 경제위기 이후 사람들이 가장 바라는 직업은 공무원과 교사다. 그만큼 사람들은 안정을 중시한다. 공무원이 되면 100퍼센트 행복하게 잘 살 수 있을까? 내가 공무원 시험을 준비할 당시 공무원 시험을 준비하는 사람들을 위한 카페가 만들어졌다. 카페 게시판 중 현직 공무원들이 글을 남기는 게시판이 있었다. 가끔 그 게시판에 들어가보면, 공무원이 되었다고 불행 끝 행복 시작이 아니라는 취지의 글을 빈번히 발견할 수 있었다. 월급이 적다거나 상사 때문에 머리가 아프다거나 무례한 민원인 때문에 스트레스를 받고 있는 모습 등은 평범한 직장인들과 다를 바 없어 보였다.

대다수가 인정하는 안정적인 직업? 물론 중요하다. 하지만 결국 정말로 중요한 것은 내가 좋아하고 열정을 쏟을 만한, 그런 꿈의 직업 찾기다. 어렸을 때 즐겨했던 일은 무엇인가? 어떤 일을 한다고 생각하면 가슴부터 뛰는 그런 일은 무엇인가? 대학에서 가장 원하는 것은 취업률이 높다는 선전을 할 수 있을 만큼 취업하는 학생들이 많아지는 것뿐인지도 모른다.

트리나 폴러스의 책 『꽃들에게 희망을』에 보면 수많은 애벌레가 하늘 높이 솟아 있는 나무줄기를 향해 올라간다. 애벌레 한 마리가 꼭대기까지 올라가지만 거기에는 아무것도 없다. 애벌레는 땅으로 내려와 나비가 된다.

많은 20대가 취업이라는 하늘 높이 솟은 나무줄기를 향해 올라간다. 취업하기 위해 끝없이 경쟁하는 20대들, 직장생활을 하며 세월이 흘러가는 동안 남들이 하는 대로 때로는 그 이상의 노력을 기울인다. 정신을 차려보니 회사는 그들에게 나가달라고 요구한다.

씁쓸한 얘기이지만, 나는 회사를 믿지 말라고 권하고 싶다. 회사는 일을 시키고 자신들이 내는 이윤에 부합하는지 알아보며 월급을 주는 것뿐이다. 월급만큼 일하지 못한다고 판단될 때 혹은 회사 사정이 어려워지면 그들은 정리해고라는 구실로 직원을 가차 없이 내쫓는다.

대기업에 입사했하면 얼마나 오랫동안 근무할 수 있을까? 일하는 기혼 여성들의 예상 정년은 47세라는 언론 보도가 있었다. 만약 내가 47세에 직장을 그만둔다고 생각해보자. 자녀가 있다면 한창 자녀를 교육시키기 위해 돈이 들어갈 시기다. 자녀는 물론 부양해야 할 가족이 없다고 해도 평균 수명이 여자는 84세, 남자는 77세인 상황에서 30~40년을 어떻게 살아갈 수 있을까? 치열한 경쟁으로 곡소리 나는 자영업계로 나 역시 뛰어들어야 할까?

한 신문에서는 매년 자영업체 60만 개가 개업하고 58만 개가 폐업한다고 전한다. 10퍼센트도 살아남지 못하는 실정이다. 현실이 어둡다는 사실을 알게 되었다면 남과 다른 준비로 등불을 켜야 한다.

현재, 무엇을 위해 살아가고 있는가? 지금 살아가는 방식대로 10년, 20년 뒤를 살아갈 자신이 있는가? 어떤 삶을 꿈꾸고 있는가? 현재 꿈꾸는 일을 비웃는 사람이 있다 해도 결코 꿈을 접어서는 안 된다. 꿈을 접는다면 일생 동안 남은 것은 후회뿐이다. 꿈을 포기한 뒤에 어떤 삶을 살아갈지 상상해보자. 다른 사람의 기대대로 살아 간다고? 거기에 무슨 의미가 있을까?

현재 꿈꾸고 있을지라도 현실이 너무 무겁기에 버거울지도 모른다. 그럼에도 스스로를 믿자. 우리 자신에게는 스스로 생각하는 것보다 훨씬 강한 능력이 있다. 내게 닥쳐오는 위기는 나를 망치려는 것이 아니라 나를 살아 숨 쉬게 하는 것이라고 생각하자. 꿈의 직업을 찾는 일은 시간을 허비하는 공상이 아니다. 왜? 아직도 살아 갈 날이 창창한 20대이니까.

04

직장과 밀당?
그
미묘한 관계

지금 취업 준비생인가, 아니면 직장생활을 막 시작한 새내기 직장인인가? 새내기 직장인이라면 출근길은 어떤가? 입사하고 싶던 회사에 들어가 신바람이 나는가? 아니면 기다리는 것은 퇴근 시간과 월급날뿐인가? 이렇다면 참 암담한 일상이 아닐 수 없다.

　공무원이 되겠다는 경쟁은 갈수록 치열해지고 있다. 공무원이라는 목표를 이루기 위해 수년을 바쳐 공부하는 사람도 있다. 왜 그토록 사람들이 공무원에 목을 맬까? 단 하나다. 안정적이니까.

　극심한 취업난 속에서 출근할 곳이 있다는 사실만으로도 감사한 일이긴 하다. 대졸자와 취업 재수생 1백만 명 가까이가 공무원, 공기업, 대기업, 금융기관 등의 최상위 일자리만 바라보고 있다고 한다. 하지만 그 일자리는 1년에 4만 여 개밖에 나오지 않는다.

　경제위기는 우리만 겪고 있는 것이 아니다. 많은 사람이 미국 청년들은 우리나라 청년들보다 빨리 독립하는 것으로 알고 있다. 그러나 2012년 미국에서 18~31세 성인 가운데 부모와 함께 거주하는 이들의 비중이 36퍼센트로 늘어났다. 이는 40년 만에 최고치다. 특히 18~24세 성인 중에는 캥거루족이 56퍼센트에 달하는 것으로 나타났다. 금융위기 이후 미국 기업들이 임시직과 비정규직 고용 규모를 늘리고 있기 때문이다.

회사는 놀랄 만큼 냉정하다. 어떤 사람이 조금이라도 쉽게 시간을 보내고 있다고 판단하면 해고 통지를 하거나 전혀 낯선 부서에서 근무하게 한다. 이는 그 부서에서 적응하면 계속 다니고 못 하겠다면 나가라는 신호다.

우리가 회사에서 해야 할 일은 회사에서 가장 높은 지위에 있는 사람들에게 돈을 벌어다주는 거다. 만약 이것을 제대로 하지 못한다면 회사에서 직원으로 둘 이유가 없다. 회사는 자선단체가 아니니까.

실제로 나는 회사를 다니면서 바로 폐기 처분되는 물건 취급을 받고 그만둔 적이 있었다. 말은 부드러웠지만, 현실은 전혀 부드럽지 않았다. 앞서 말했듯 나는 회사에서 돈 버는 기계에 불과했다.

케네디 전 미국 대통령은 국가가 무언가를 해주기 바라기 전에 국가를 위해 해야 할 일이 무엇인지 생각해보라고 연설했다. 이 말을 조금 바꾸면 회사가 나에게 하는 말이 될 수 있다.

"회사가 무언가 해주기 바라기 전에 회사를 위해 해야 할 일이 무엇인지 생각해보시오."

회사를 위해서 열심히 일하면 성공할 수 있으리라고 믿는가? 회사에서 열심히 일하면 스스로 성장할 수 있으리라고 섣불리 생각하지 않는 게 좋을 거다. 당신의 몸값이 올라갈수록 회사는 당신을 쫓아내고 몸값이 적은 몇 사람을 더 뽑으려 들지도 모르니까. 아니라고? 미안하지만 현실은 그렇다. 아주 대단히 특별한 능력자가 아니라면 말이다. 그런 순간은 반드시 오게 되어 있다.

지금 하고 있는 일이 하찮게 느껴지는가? 늦기 전에 무언가를 이루어야겠는데 아무것도 이루지 못해 초라하고 초조한가? 스스로에게 알맞은 직업을 찾기 위해 헤매고 있는가? 아무리 노력해도 스스로에게 맞는 직장을 찾을 수 없어 우울한가?

잠시 눈을 감고 생각해보자. 어릴 때 무슨 일을 하는 것이 가장 행복했는가? 손을 대기만 하면 너무도 자연스럽게 할 수 있었던 일은 무엇일까?

나는 어릴 때 부모님이 책 읽어주는 일이 참 좋았다. 학교에 들어가서 새 국어책을 받으면 혹시 희곡이 있지 않나 가장 먼저 찾아보았다. 그때부터 직접적인 배우보다는 객석에 앉아서 배우들의 행동을 보는 게 가장 좋아한 일이 아닐까 생각한다. 배우들의 행동, 그들의 감정 변화를 보면서 나도 멋진 이야기를 쓰고 싶다고 생각했다. 스물아홉 살이 되어서야 원하는 것을 찾다니, 조금 한심스럽기도 하지만 절대로 놓칠 수 없는 꿈이다.

혹시 지금 방황하고 있다면, 20대라는 시기를 날 위해 철저히 파고드는 시기라고 생각하자. 남의 조언을 듣는 일도 좋지만 결정권은 나 자신에게 있다는 사실을 잊지 말자. 인생의 주도권은 스스로 가져야 한다. 다른 사람들이 보기에는 우습고 하찮거나 혹은 미친 것이 아닌가 싶을지라도 내 마음이 원하는 대로 행동해야 한다.

분명 20대는 여러 경험을 해야 하는 시기다. 나 자신을 알기 위해 모험을 하고 싶다면 72시간 원칙을 생각해보자. 무엇이든 해보고자 하는 일이 있다면 아무 생각 없이 3일, 72시간 이내에 시작해보는 것이다. 등산을 하고 싶으면 72시간 이내에 산으로 가고, 바다에 가고 싶으면 72시간 이내에 바다에 가는 거다.

이런 작은 행동력이 모여 결국 자신이 진정으로 하고 싶은 일을 찾았을 때 바로 시작할 수 있는 원동력이 된다. 머릿속에서 거대한 성을 짓는 것만으로는 아무것도 변화시킬 수 없다. 그 성을 설계도로 옮기고 작은 벽돌 하나씩 쌓아가는 것으로 꿈을 이뤄나갈 수 있는 거다.

05

책 읽기로
시작해서
책 쓰기로
끝내볼까?

성공하기 위해선 어떤 지능이 필요할까? 최우선순위에 두어야 할 것은 세상에 존재하는 문제를 제대로 간파하는 '분석지능'이다. 분석지능을 높이기 위해서는 충분한 지식을 확보해야 한다. 이를 위해선 독서만 한 것도 없다.

책을 읽는 데 돈을 투자하면 스스로에게 동기를 부여할 수 있다. 그만큼 독서의 가장 좋은 방법은 돈을 주고 읽고 싶은 만큼 책을 사는 거다.

만약 매주 한 권을 읽겠다는 결심을 했다고 가정해보자. 이를 달성할 가장 좋은 방법은 매주 일정을 정해두고 서점에 가는 거다. 그렇게 서점에 가서 무조건 책 한 권 사기를 스스로에게 약속하는 거다.

가장 잘 읽히는 책은 서점에서 오래 고민한 끝에 구입한 책이라고 한다. 정기적으로 일정량의 책을 구입하면 구입한 책에 애정이 생기고, 투자한 비용이 있으니 어떻게든 시간을 내서 읽을 거다. 혹시 그 책이 이해하기 어려운 내용일지라도 이미 비용을 지불했기 때문에 억지로라도 읽을 거다.

사실, 자신에게 너무 어려운 책은 읽지 않는 것이 좋다. 북한산에 올랐다가 간신히 내려온 사람이 에베레스트를 오를 수 있을까? 독서 수준은 스스로 만들어내는 거다. 독서 초보라고 생각한다면 얇고 쉬운 책으로 시작하는 게 좋다. 한 달에 한 권 읽는 것도 힘든 사람이 갑자기 굉장히 두꺼운 고전 철학서를 앞에 놓았다고 생각해 보자. 폼은 날지 모르겠지만 몇 쪽 읽다가 무슨 말인지 도통 이해가 안 되어 이내 포기할 거다. 그 한 권만 포기하는 게 아니라 독서는 어려운 것, 내 능력에 비해 너무 높은 사고력이 필요한 것이라며 독서 자체를 아예 기피하게 될지도 모른다.

독서는 기본적으로 저자와 대화하는 거다. 저자의 관심사와 독자의 관심사가 다르면 그 대화가 재미있을 리 없고, 억지로 읽을지라도 머릿속에 들어올 리 없다. 아무리 좋은 책이라도 관심 없는 사람에게는 종이뭉치나 다름없다.

책 읽는 습관을 몸에 배도록 하는 좋은 방법은 특정 작가가 쓴 책을 집중해서 읽는 거다. 한 저자가 쓴 책을 집중하여 읽으면 어떤 이점이 있을까?

첫째, 책 읽는 재미를 느낄 수 있다. 우선 읽는 분야에 높은 수준의 관심과 지식이 있기 때문에 내용 파악이 쉬워진다. 저자가 정리해주는 지식이 쉽게 기억되고 지식의 축적이 반복되어 읽는 속도도 빨라진다. 빨리 책을 소화할 수 있으니 그 저자의 다음 책을 기다리게 될 거다.

둘째, 저자의 생각 프레임에서 내 생각을 정리할 수 있다. 대체로 저자가 주장하는 내용들은 내 생각과 일치하기 때문에 읽다 보면 저자가 내 생각을 정리해주는 셈이 된다. 읽을 때마다 긍정과 더불어 내 생각이 어떤 관점인지 점검할 수 있을 거다.

셋째, 한 분야의 전문성을 키울 수 있다. 저자는 특정 분야의 전문가라고 할 수 있고 책 한 권을 쓰기 위해 오랫동안 준비했을 거다. 저자는 자신이 가진 전부를 책 한 권에 쏟아내는데, 이는 오래 연구한 결과물과 다를 바 없다. 따라서 책 읽기에 집중하면서 전문 능력을 키우는 데 한 작가가 쓴 책을 모두 읽는 '전작주의'는 큰 힘이 될 것이다.

성공하기 위해 많은 지식을 쌓을 수 있도록 노력하는 것 외에 다른 사람이 생각하지 못했던 점까지 생각해보는 일 역시 중요하다. 『장자』에는 한 가지 물건을 두고도 생각을 어떻게 하느냐에 따라 삶이 바뀐 사람들의 이야기가 수록되어 있다.

송나라에 대대로 세탁업을 하는 집안이 있었다. 이들은 추운 겨울에도 찬물에 빨래를 해야 했기 때문에 손이 트지 않는 약을 만들어 사용했다. 어느 날 나그네 한 사람이 소문을 듣고 찾아와 그들에게 많은 돈을 주고 손을 트지 않게 하는 약의 제조법을 사겠다고 말했다. 결국 그들은 그에게 약의 제조법을 알려주었다.

나그네는 그 제조법을 가지고 오나라 왕에게 가 자신을 장군으로 중용해달라고 간청했다. 때마침 월나라가 쳐들어왔기에 왕은 그를 전쟁터로 내보냈다. 그는 병사들에게 손이 트지 않게 하는 약을 모두 바르게 했고, 전력이 강해진 오나라 군대는 월나라에 대승을 거두었다. 승리를 거두고 돌아온 장군에게 오나라 왕은 땅을 하사해 다스리게 했다.

같은 손 안 트는 약을 가지고 어떤 사람은 세탁업을 하고, 어떤 사람은 제후가 된다. 같은 물건이라도 사용하는 사람에 따라 그 쓰임새가 달라진다는 것이 이 이야기의 핵심이다.

많은 사람이 자기계발을 하려고 노력한다. 출근하기 전 이른 시간에 외국어 마스터를 위해 혹은 자격증을 따기 위해 공부한다. 아예 대학원을 가기도 한다. 물론 현재 근무하고 있는 분야의 책을 읽는 것도 빠질 수 없다. 문제는 이러한 자기계발이 다른 사람 모두가 하고 있는 일이라는 점이다.

레드퀸 효과라는 게 있다. 자신이 내는 속도가 움직이는 주변 환경과 같다면 같은 장소에 머물 수밖에 없고 아무리 애를 써도 앞으로 나아갈 수 없는 현상을 가리키는 말이다.

레드퀸은 루이스 캐럴이 쓴 『이상한 나라의 앨리스』의 속편 『거울나라의 앨리스』에 나오는 인물로, 달리기를 잘한다. 아무리 달려도 한 발짝도 앞으로 나아가지 못하는 앨리스에게 레드퀸은 제자리에 머물기 위해서는 온힘을 다해 뛰어야 하며, 다른 곳으로 가기 위해서는 지금보다 최소한 두 배는 빨라야 한다고 이야기한다.

자신은 승진을 원하지도 않고 현재 위치에서 조용히 일을 하며 튀지 않고 살아가고 싶을지도 모른다. 문제는 동료들도 그걸 원할지 모른다는 사실이다. 아무리 뛰어도 동료들이 뛰는 속도 정도, 혹은 그 이하라면 결국 퇴출당할 거다.

나는 최소한 두 배는 빨리 뛰기 위해 책을 한 권 쓰라 권하고 싶다. 김태광 회장은 평범한 사람일수록 책을 써야 한다고 조언한다. 김태광 회장이 말하는 책 쓰기의 좋은 점은 다음과 같다.

- 책은 최고의 소개서다.
- → 언론 인터뷰보다 더 영향력이 크다.
- 사회적 영향력이 크다.
- → 대중을 대상으로 책을 출간하면 자신의 존재감을 세상에 드러낼 수 있다.
- 전문가의 자격증이다.
- → 책을 출간하는 순간 자신의 분야에서 전문가로 인정받게 된다.
- 미래가 달라진다.
- → 가슴이 뛰기 시작하고 생활에 활력이 생긴다. 다양한 기회가 생겨난다.
- 사회에 공헌하는 일이다.
- → 자신의 지식과 경험, 노하우를 책에 담는다면 그 책을 읽은 사람들의 인생이 달라진다.

너무 평범해서 책을 쓸 수 없다고 생각하는가? 하다못해 백수라면 매주 1만 원으로 일주일 버티기를 1년 동안 한 이야기를 쓰면 된다. 어떤 것을 먹었으며, 집에서 시체놀이를 했다든지 아니면 친구들에게 미움받지 않게 빌붙기를 하는 노하우, 백수만의 체력 향상 노하우를 써볼 수도 있을 거다.

취직한 지 얼마 안 되는 직장인이라면 아직 취업하지 못한 취업준비생들에게 '이렇게 하면 직장에서 곤란해진다'를 주제로 써볼 수도 있을 거다. 어떻게 막내 노릇을 잘할 수 있는지, 칼퇴근 어떻게 똑똑하게 하는지 등 스스로가 직장에서 눈치 보면서 살아가는 일상을 책으로 옮길 수도 있다.

한 방송작가는 미국으로 여행을 떠나려 했다가 비자 발급을 거부당하면서 그 당시 심각했던 재정 문제를 다시 생각하고 적금을 붓기 시작한다. 3년간 치열하게 아끼고 일하면서 1억 원을 모은 이야기가 책으로 나왔는데 아주 흥미진진하다.

나만이 할 수 있는 이야기를 한번 써보자. 김태광 회장은 직장생활을 오래할수록 미래에 닥칠 위험은 눈덩이처럼 커질 것이라고 경고한다. 직장생활을 하는 시기는 가장 열정적이고 도전적이며 창의적인 시기이기 때문이다. 이때를 이용해 책을 써보라고 그는 권한다.

나는 개인적으로 직장을 다니는 동안 이런 회사는 다니면 안 된다는 주제로 책을 쓰고 싶었다. 내 첫 번째 직장은 직장인이 소모품으로 쓰이다가 거의 폐인이 될 즈음에 회사에서 쫓겨난다는 교훈을 주었다. 첫 번째 회사를 그만둘 무렵 내 얼굴은 심각한 여드름으로 괴물이 되던 시기였다. 나는 스트레스가 그렇게까지 여드름을 심각하게 악화시킬 줄 몰랐다. 회사는 몇 달 나를 쓰더니 인력 조정을 해야 한다면서 나를 가차 없이 내몰았다. 그리고 나는 여드름을 치료하느라 그동안 받은 월급보다 더 많은 돈을 써야 했다.

체험에서 나오는 살아 있는 이야기, 하지만 여기에도 물론 따져 봐야 할 게 있다. 바로 '사람들이 공감할 수 있는 이야기인가?' 그리고 '사람들이 자기 시간을 소비할 만큼 필요한 이야기인가?' 하는 점이다.

CHAPTER 3

돈 생각에 머리 아프다고?
_돈 Money

01

돈,
여자니까
더 벌어야 한다

여자일수록 남자보다 더 부자가 되는 데 관심을 가져야 한다. 왜 냐고? 그 이유는 여자가 남자보다 더 오래 사니까.

　평생 동안 혼자 살아가기로 결심하든 누군가와 결혼하여 함께 살아가든 여자는 어느 한순간에 홀로 살아가야 할 시기가 반드시 온다. 물론 남자도 마찬가지긴 하다. 과연 그 시기를 어떻게 보내야 할까?

　많은 여자가 생각하는 이른바 재테크 방법은 너무도 단순해 보 인다. 대표적인 게 미모를 타고나지 못한 여자일지라도 성형수술로 자신의 미모를 가꾸어 부자 남자와 결혼하는 소위 '혼테크'다. 그렇 다 보니 '예뻐야 부자인 걸까, 부자가 되어야 예쁜 걸까?' 하는 의 문 아닌 의문이 생길 정도다.

　아름다운 외모를 타고났어도 가난하여 생활에 찌들다 보면 그 미모 또한 시들게 마련이다. 프랑스 작가 기 드 모파상이 쓴 「목걸 이」라는 단편소설은 아름다운 외모의 여인이 한순간의 실수로 막대 한 빚을 져 고단한 삶을 살게 되고 결국 미모 또한 잃게 된다는 이 야기다.

「목걸이」의 주인공 마틸드는 아름다운 외모를 타고났지만, 그 허영심을 채워주기에는 너무도 부족한 평범한 집안에서 살아간다. 어느 날 마틸드는 남편과 함께 장관 부부가 주최하는 무도회에 참석하게 된다.

그녀는 새 옷에 어울리는 장신구를 갖추기 위해 친구에게서 다이아몬드 목걸이를 빌리고 즐거운 시간을 보내게 된다. 돌아오는 길에 목걸이가 없어졌다는 사실을 알게 되고 다른 목걸이를 사주는 대신 막대한 빚을 지게 된다.

그 빚을 갚기 위해 10년이라는 세월 동안 가난한 생활에 찌들게 된 마틸드는 예전의 미모를 잃는다. 변해버린 모습을 친구도 처음에는 알아보지 못하는데, 마틸드는 그간 있었던 일을 이야기하면서 놀라운 사실을 깨닫는다. 바로 친구에게서 빌린 목걸이가 가짜였다는 사실이다.

이 소설을 읽은 여성이라면 마틸드가 허영심이 지나쳤다는 비난이나 결말이 허무하다고 작가를 탓하기 전에 더 중요한 사실 하나를 깨달아야 한다. 바로 경제적으로 어려워지면 아무리 미모를 타고났어도 실제 나이보다 늙어 보이게 된다는 사실이다.

블룸버그통신이 한국인의 평균 기대수명을 81세라고 보도했다. 한국 여성의 평균 기대수명은 84세이고, 남자는 77세다. 즉, 여성이 남성보다 7년을 더 오래 사는 것이다.

자신이 여성이고 현재 결혼했다면 남편이 죽은 뒤에 경제적 어려움을 겪지 않고 7년이라는 긴 세월을 혼자서 잘 보낼 자신이 있는지 생각해보자. 아직도 노후 준비는 먼 이야기라고 시큰둥하고 있다면 부모님 이야기로 화제를 돌려보자.

부모님 연배인 한국 베이비부머(1955년~1963년) 세대를 대상으로 노후 준비를 어떻게 하고 있는지 조사하였더니 응답자의 3분의 2가 노후 준비를 제대로 하지 못했다고 답했다. 그렇다면 자신이 노후 준비가 안 된 부모님을 모시고 살 수 있는지 생각해보자. 부모님이 어려운 생활을 하고 있어도 자신은 자신 나름대로 힘겹다며 외면할 수 있다. 하지만 스스로가 절대로 외면할 수 없는 일이 있다. 부모님의 준비 안 된 노후가 수십 년 뒤에는 자신이 처한 현실이 될 수 있다는 점이다.

한국조세재정연구원이 2013년 8월 27일 경제위기 이후 경제협력기구(OECD) 국가의 빈곤율(중위 소득의 50퍼센트 미만) 흐름을 조사한 결과 유독 한국에서만 노인층 빈곤률 증가가 극심했다고 한다. 2009년 글로벌 금융위기 극복을 위해 정부가 20조 원이 넘는 재정을 쏟아부은 결과 2011년 말 한국의 전체 빈곤율 증가폭은 3년 전에 비해 0.1퍼센트에 그쳐 OECD 국가 중 글로벌 금융위기의 충격을 잘 극복한 나라로 손꼽힐 정도가 되었으나, 노인 빈곤율은 평균의 19배인 1.9퍼센트나 높아졌다. 2011년 노인 100명당 빈곤층이 무려 77명 선까지 늘어났다고 한다.

노인의 빈곤 문제는 어쩌면 내가 겪을지도 모르는 미래다. 더군

다나 여성은 결혼하여 아이가 생기면 일시적으로 경력이 단절된다. 아이가 어느 정도 자라서 교육비를 벌어야 할 시기가 오면 단절된 경력 때문에 재취업이 쉽지 않다.

킴 기요사키가 쓴 『리치우먼』을 읽어보면 미국에서 여자들이 어떤 경제적 어려움을 겪는지 알 수 있다.

- 50세 이상의 여자 47퍼센트가 배우자가 없다.
  → 이는 경제적으로나 정신적으로 의지할 사람이 한 명 줄어든다는 의미다.

- 여자가 퇴직 후에 받는 연금은 남자에 비해 적다. 남자가 퇴직할 때까지 일하지 않고 쉰 기간은 평균 1.6년이지만 여자는 평균 14.7년이니까. 여자는 일할 때도 남자보다 급여가 적은 경우가 많은 데다 이 때문에 퇴직한 뒤에 받는 연금도 남자의 25퍼센트에 불과하다.
  → 배우자 없는 여성 노인이 의지할 곳은 어디인가? 요즘은 자신의 부모를 모시기도 쉽지 않은 상태다.

- 결혼 50퍼센트는 이혼으로 끝나며 여자는 이혼한 첫해에 생활 수준이 평균 73퍼센트 하락한다.
  → 영화나 드라마에서 엄청난 액수의 위자료를 받은 뒤 새 출발

하는 여자를 믿지 말자. 정말 극소수의 여자들뿐이다. 게다가 가끔 텔레비전을 보면 이혼한 여자 연예인이 이혼한 뒤 받은 위자료를 전부 사기 당했다는 이야기가 빠지지 않고 나온다.

• 미국 베이비붐 세대(1946년~1964년에 태어난 세대들) 중 20퍼센트만이 은퇴한 뒤에도 경제적인 안정을 누린다.
→ 이 말은 늙어서도 쉬지 못하고 생계를 위해 계속 일해야 한다는 의미다.

노후 준비가 중요하다는 사실은 이제 알게 되었을 거다. 어떻게 하면 부유하게 살 수 있을지 지금부터 고민하고 또 고민하자. 거듭 말하지만 우린 여자니까.

02

슈퍼우먼으로
가는 길,
퍼스널 브랜딩

20대이기에 아직 감원 대상이 아니라고 안심하고 있는가?

여기서 잠깐 질문을 해보자.

'우리 동네에 치킨집이 과연 얼마나 있을까? 음식점은, 또 편의점은 몇 개나 될까?'

엉뚱한 소리 같겠지만 바로 내가 어느 순간 치킨집, 음식점, 편의점을 운영하는 사람이 될 수도 있다. 지금 대기업에서 일하고 있다면 앞으로 몇 년이나 더 일할 수 있을까? 일하는 기혼 여성들의 예상 정년은 47세라는 언론 보도가 있다.

남성들의 경우를 보더라도 대기업을 비롯한 회사는 수시로 희망퇴직이라는 이름으로 인원을 감축한다.

만약 내가 47세에 직장을 그만두어야 한다고 생각해보자. 내게 자녀가 있다면 한창 자녀를 교육시키기 위해 돈이 들어갈 시기다. 자녀가 없고 부양해야 할 가족 또한 없다고 하더라도 평균수명만 따져도 퇴직 후 30~40년을 살아야 한다. 과연 어떻게 살 것인가?

앞서 언급했듯이 경쟁이 치열한 자영업계로 빠져야 할까? 은퇴 세대가 많은 자영업자의 폐업 비율이 85퍼센트에 달한다고 했다.

업종별로는 음식점 폐업 비율이 95퍼센트로 1위를 차지했다. 소매업은 89.3퍼센트, 도매업, 농림어업 등이 그 뒤를 이었다.

어쩌면 억울하다는 생각을 할지도 모른다. 대학을 다니는 내내 스펙을 쌓기 위해 노력했는데 직장에 오래 머물 수 없다는 현실이 말이다.

몇 년 전에 한 카드사 광고 카피인 "부자 되세요!"는 많은 사람에게 화제가 되었다. 어려운 경제 상황 속에서 돈이 중요하다는 사실을 많은 사람이 더욱 확실히 깨닫게 된 것이다. 대박 터지라는 말도 자주 쓰이는 말이다.

돈을 좇을 것인가, 당신이 원하는 것을 택할 것인가?

돈이 중요하다는 사실을 아는 사람들은 대부분 돈이 되는 일을 선택한다. 자기 가슴이 말하는 것을 따르는 일은 때론 엄청난 용기가 필요한 일이 된다. 무엇보다 가슴이 말하는 일을 하려고 할 때 주위 사람들에게서 자기 앞가림부터 하라는 말을 들을지도 모르겠다.

사람들은 돈을 많이 버는 직업을 택하면 부자가 될 것이라고 생각한다. 하지만 어느 통계를 보면 관심 있는 분야에서 최고가 되기로 결심하고 노력했던 사람들이 더 많은 돈을 벌었다고 한다.

자신과 맞는 일을 해야 잘할 수 있고, 열심히 할 수 있다. 낯선 사람들이 많이 있는 곳에 오래 머물면 자신의 힘이 빠져나가는 듯한 느낌을 받을 정도의 내성적인 사람이 낯선 사람을 많이 만나야 하는 일을 잘할 수 있을까?

스스로를 어떤 사람이라고 평가하는가? 그저 성실하고 착하기만 해서는 다른 사람과 벌이는 경쟁에서 이길 수 없다.

나만의 무기를 만드는 일은 우선 독서와 책 쓰기라고 생각한다. 이제 겨우 취직에 성공하여 회사생활에 적응하고 있다면 책을 읽을 시간이 없다는 핑계를 댈 수 있다. 하지만 생각하는 것보다 훨씬 많은 시간이 그냥 흘러가고 있다.

일주일 동안 어떻게 시간을 쓰고 있는지 빠짐없이 기록해보자. 몇 시에 일어나서 출근하기까지 시간을 어떻게 보내는지, 회사에서 일할 때 인터넷 서핑으로 보내는 시간은 얼마나 되는지, 다 적어보자. 시간을 함부로 쓰고 있었다는 사실에 놀랄 거다.

독서를 하고 싶은데 시간이 없다고? 설마 그럴 리가……. 다 방법이 있다.

우선 평소에 일어나는 시간보다 30분 일찍 일어나 아침 독서를 하길 바란다. 점심시간도 30분을 내어 독서하고, 퇴근 후 잠자리에 들기 전 30분을 할애하여 독서를 하는 거다. 그렇게 하루에 세 번 30분씩 총 1시간 30분 독서를 해보는 거다.

독서를 거의 하지 않았다면 읽는 속도가 느릴 거다. 물론 책을 느리게 읽는다고 기죽을 필요는 없다. 태어난 지 얼마 되지 않은 아기에게 온전히 걷기란 무리다. 마찬가지다. 독서 초보의 책 읽는 속도가 느린 것은 당연하다.

우선 독서의 흥미를 위해 되도록 얇고 쉬운 책, 제목이 끌리는 책을 선택하자. 중요한 것은 독서를 몸으로, 습관으로 익히는 거니까. 독서를 많이 하다 보면 자신의 생각을 글로 옮겨 적고 싶어진다. 지금 하는 생각이 맞는지 세상에 드러내고 싶어질 때도 있다.

독특한 취미가 있다면? 사람들에게 흥미를 끌 만한 멋진 경험을 한 적이 있다면? 혹시 스스로 열심히 일하기만 하면 세상이 알아줄 것이라는 생각은 추호도 하지 말자. 사람들은 모두 자기 자신이 얼마나 뛰어난 사람인지 알리고 싶어 하지, 다른 사람을 돋보이게 하고 싶어 하지 않는다.

내가 지금 책을 쓴다고 생각해보자. 책을 내는 일은 스스로의 능력을 드러낼 수 있는 훌륭한 광고와 같다. 광고하려면 돈이 드는 데 비해 출판사와 계약을 맺고 책을 낸다면 당신은 거의 비용을 들이지 않고 스스로가 어떤 사람인지 많은 사람에게 알릴 수 있다.

유명한 사람들은 기회만 있으면 책을 썼다. 미국에서 여성 대통령 후보 1순위이자 뉴욕 주 상원의원을 거쳐 국무장관으로 일했던 힐러리 로댐 클린턴도 자서전을 썼다. 그 내용을 보면 어린 시절에서부터 학생 시절, 빌 클린턴과 결혼하기까지의 과정뿐만 아니라 아칸소 주 주지사를 지낸 빌 클린턴을 도와 활약한 이야기, 영부인이 되기까지의 과정이 자세히 적혀 있다. 무엇보다 사람들의 시선을 끈 것은 르윈스키 스캔들로 빌 클린턴 전 대통령이 위기에 처했을 때의 일을 거침없이 쓴 일이다. 힐러리는 그 당시 너무도 분노하여 빌 클린턴의 목을 조르고 싶었다고 한다. 여자로서 남편의 외도에 분노하던 장면에서 위기 상황을 극복하기까지의 과정은 많은 사람들의 관심을 끌었다.

물론 힐러리가 쓴 책은 자서전 한 권만이 아니다. 그녀는 여러 책을 쓰면서 자신의 생각을 드러낼 수 있었고, 자기 자신을 훌륭히 광고했다.

스스로가 정치인이 아니기 때문에 책을 낼 수 없다고 생각하지 말자. 책의 소재는 무궁무진하다. 어떤 사람은 집에서 빵 굽는 일이 취미여서 자신의 제빵 기술을 책으로 내 인기를 끌기도 하고, 어떤 사람은 잘 알려지지 않은 오지를 여행하면서 느낀 점을 책으로 쓰기도 했다.

바람의 딸 한비야 작가도 힘든 시절이 있었다. 어려운 가정 형편으로 대학 진학을 미루었다가 뒤늦게 대학을 마치고 잘나가는 회사원으로 살았다. 그러던 어느 날 어린 시절의 꿈이었던 세계일주를 하면서 그 겪은 일을 책으로 써 일약 유명 인사가 되었다.

현재 유명한 사람이 아니더라도 독특하고 훌륭한 소재가 있다면 얼마든지 그걸로 나를 브랜딩할 수 있다. 이제 그녀들처럼 나만의 퍼스널 브랜딩을 시작해보자. 이것이 바로 부유한 인생으로 가는 지름길이 될 거다.

03

재테크
대신
책테크

요즘은 대학에 들어가자마자 취업 준비를 시작한다고 한다. 그만큼 어떻게 자립할 것인가는 중요한 문제가 되었다. 분명 지금 어떤 일을 하며 인생을 살 것인지를 확실히 해두지 않으면 안 되는 시기다.

　정년 연장이 거론되고 있지만 혜택을 누리는 사람은 그리 많지 않을 거다. 사람의 평균수명은 늘어나고 있지만, 근무할 수 있는 기간은 많이 늘어나지는 않을 거다. 왜냐하면 기업은 수익성 악화를 이유로 계속해서 인원을 감축해나갈 가능성이 높으니까. 게다가 기술이 새롭게 발전하면서 인간의 노동력이 필요한 부문도 줄어들 가능성이 높다.

　현대사회를 지식사회라고 한다. 앞으로 누가 지식을 활용해서 어떤 성과를 낼 수 있느냐로 부유한 자와 가난한 자가 갈릴 거다. 새로운 지식을 선점하는 사람이 유리한 위치에 서게 될 거다.

　그렇다면 새로운 지식은 어떻게 얻는 될까? 온고지신(溫故知新)이라는 말이 있다. 옛 것에서 배워 새로운 것을 깨닫는다는 뜻이다. 즉, 지나간 과거를 통해 미래를 준비하는 지혜를 얻는다. 하늘 아래 새로운 것은 없다고 했다. 새로운 것은 과거에 있었던 것을 응용하거나 변형시켜 얻어진 게 많다. 울타리에 많이 쓰이는 철조망은 양이 장미가시가 있는 울타리를 뛰어넘지 못하는 것을 보고 만들어진 것이라고 한다.

그렇다면 지식은 어디에서 얻어야 할까? 경험으로 얻은 지식은 몸으로 익혔기 때문이 잘 잊히지 않는 소중한 지식이다. 하지만 모든 지식을 경험으로 얻으려 한다면 시간과 돈이 너무 든다.

쉽게 지식을 얻을 수 있는 방법은 역시 독서다. 책을 읽다 보면 내 주장을 뒷받침할 사고력 또한 얻을 수 있다.

책값이 비싸기 때문에 책을 사서 읽지 않는다고 말하는 사람이 더러 있다. 그렇다면 도서관에서 읽으면 된다. 어떤 일을 할 때 할 수 없다는 이유부터 찾으면, 그 일은 결국 할 수 없다.

언제부터인가 재테크가 삶의 화두가 되었다. 일부 재테크 책은 20대 때부터 경제 지식을 쌓고 투자하는 일이 중요하다고 말한다. 뭐, 노후 준비 차원에서 무작정 나쁜 건 아닐 거다.

그렇다면 재테크란 무엇일까? 재테크를 할 때 떠올릴 수 있는 것은 이미 많은 사람이 손을 대고 있는 주식과 부동산이다. 하지만 곰곰이 따져보자. 주식을 해서 혹은 부동산 투자를 해서 성공한 사람이 과연 얼마나 될까? 오히려 작전주라는 잘못된 주식에 투자해서 돈을 날린 사람이 많고, 하우스푸어라는 말이 회자될 만큼 이익을 보기보단 손해를 보는 사람이 더 많다.

물론 경제 지식을 얻기 위해 노력하면서 세상이 어떻게 돌아가는지 아는 것은 중요하다. 하지만 자신이 주식이나 부동산 시장에서 우위를 점할 정도의 정보를 가지고 있는가?

매스미디어에서는 개인 투자자들이 투자에 성공했다는 소식보다는 실패했다는 소식을 더 많이 전해준다. 실패할 가능성이 높은 재테크에 손을 대기보다는 자신의 직업에서 최고가 되어 많은 돈을 버는 방법이 더 낫지 않을까?

자신이 일하는 분야에서 성공을 거둔 삶들의 비결을 배운다면 성공할 가능성은 더 높아질 거다. 나는 많은 사람이 손댔다가 실패한 재테크에 뛰어들기보다는 사람들이 알고는 있지만 쉽사리 뛰어들지 않는 블루오션인 '책테크'를 시작하라고 권하고 싶다. 자신의 분야를 토대로 말이다.

재테크의 기본은 종잣돈을 마련하는 것에서 시작한다고 한다. 마찬가지다. 책테크를 시작하는 데 기본은 책을 살 돈을 마련하는 거다. 재테크를 일찍 시작하는 것이 유리하다는 말을 들어보았을 거다. 책테크 또한 마찬가지다. 가능한 한 빨리 시작하는 게 좋다.

주변에 책을 많이 읽는 사람은 얼마나 되는가? 주위에 책을 즐기는 사람이 없을수록 책테크로 내가 더 좋은 위치에 설 수 있다고 생각하자.

인맥을 총동원해서 주변에 책 많이 읽는 사람들을 찾아 조언을 구해보자. 만약 그런 사람을 정말로 찾기 어려운 데다 스스로가 그동안 독서를 멀리했다면 독서로 무엇을 얻고 싶은지 생각해봐야 한다. 자신이 인간관계로 어려움을 겪고 있다면 인간관계를 주제로 한 책을 읽으면 되고, 인생에 비전을 가지고 살고 싶다면 비전을 주제로 한 책을 읽으면 된다.

독서로 모든 문제가 해결되는 것은 아니지만, 독서를 하다 보면 나 자신을 얽매고 있는 문제를 풀 실마리를 얻을 수 있고 그동안 피해왔던 문제를 똑바로 직시할 수 있다.

그동안 거의 하지 않았던 독서를 본격적으로 하자면 분명, 주변 사람들의 방해를 받게 될 거다. 독서를 하지 않는 사람들은 주변 사람마저 독서를 하지 못하게 하는 경향이 있다. 예전과 달라졌다거나 그래봤자 얼마나 오래가겠느냐는 등 기운 빠지게 하는 말을 할 거다. 그들을 과감히 무시하자. 독서를 하다 보면 그동안 만나왔던 사람들보다 더 좋은 사람들을 만나게 될 거다.

현재 스스로가 변화하는 일이 가장 중요하다는 사실을 잊지 말자. 지금 버는 돈의 일정 부분을 독서에 투자하자. 책테크에는 돈과 시간이 동시에 들어간다. 책을 사놓은 뒤 읽지 않고 쌓아두는 일은 아무 소용이 없다. 책 읽는 속도가 늦다고 해서 실망하지 말고 마라톤을 하듯이 천천히 나아가보자.

독서를 시작한다면 자신이 알고 싶은 분야에서 시작하는 게 좋다. 직장에서 성과를 높이고 싶다면 현재 속한 부서와 관련된 지식을 얻을 수 있는 책부터 읽어보자. 중간중간 성공한 사람들을 주제로 한 자서전이나 자기계발서를 읽어보는 것도 좋다.

자기계발서를 읽다 보면 주변에서 딴죽을 걸 수도 있을 거다. 자기계발서는 그 이야기가 그 이야기라느니, 책을 읽어서 얼마나 변화할 수 있겠느냐는 핀잔 같은 것들 말이다.

콩나물을 기를 때 시루에 콩을 담아 물을 준다. 물은 모두 빠져나가 처음에는 콩에 변화가 없는 것처럼 보인다. 하지만 계속해서 물을 준다면 콩나물로 자란다.

자신이 콩이라고 생각하고 책이라는 물을 계속해서 흡수하자. 그러면 성장하는 나 자신을 발견할 수 있을 거다.

한 분야를 파고들다 보면 가지가 뻗어나가듯 다양한 분야에 관심을 가질 수 있다. 그렇게 여러 분야의 책을 읽으면 지식이 폭발적으로 쌓이게 될 거다.

변화는 작은 데에서 시작된다. 책테크를 시작하고 꾸준히 지속한다면 재테크 이상의, 게다가 확실한 미래 준비가 될 거다.

04

내 능력으로
세운 성공이
더 아름답다

성공한 남자와 결혼하여 부자가 되겠다는 혼테크! 현실적으로 냉정한 시각에서 가능하지 않지만, 그럼에도 많은 여자가 환상을 키우는 신분 상승의 방법이다.

하지만 어떤가. 모두가 인정할 거다. 자신의 능력으로 선 여자들이 아름답다는 사실을……. 사실, 혼테크라는 것은 자신의 능력을 발휘하지 않고 다른 사람이 내 문제를 해결해주기를 바라는, 대단히 자신에게 무책임한 발상이다.

누구나 각자 안고 있는 문제가 있다. 그 문제를 어떻게 해결하느냐는 스스로의 몫이다. 약한 마음으로 자신의 문제를 다른 사람이 해결해주기를 바란다면 결국 곁에는 아무도 남아 있지 않을 거다. 사람들은 자신이 안고 있는 문제를 해결하느라 남의 문제를 떠맡고 싶어 하지는 않으니까.

성공한 사람들 중 대다수가 자신에게 닥친 큰 문제를 극복하는 과정에서 성장했다고 말한다. 실제로 언론에서 가끔 소개되는 유명 인사들 중 문제없이 평탄한 삶을 산 경우는 거의 없다.

'해리포터' 시리즈를 쓴 조앤 롤링은 스스로 비서로서의 능력이 부족했다고 말한다. 회사에서 회의를 할 때 그녀는 서류 귀퉁이에 머릿속에 떠오르는 이야기를 쓰거나 그럴듯한 등장 인물의 이름을 생각해보곤 했기 때문이다. 포르투갈에서 결혼하여 아이까지 낳았지만 이혼하고 영국으로 돌아왔을 때 그녀는 완전히 빈털터리였다. 정부 보조금을 받았지만 액수가 적어서 제대로 생활하기 어려웠다.

조앤 롤링은 적어도 더 나빠지지는 않을 것이고, 그 시간이야말로 오랫동안 상상 속에서만 살았던 인물들의 이야기를 구체적으로 쓸 수 있는 시기라고 생각했다. 처음에 그녀가 쓴 소설에 관심을 보이는 사람은 거의 없었다. 하지만 결국 여러 나라에서 '해리포터 열풍'이 불었다. 지금 그녀는 남부럽지 않은 많은 재산을 이루었다.

지금 지루하게 시간을 보내고 있다면 무엇인가 나 자신과 어울리지 않는다는 신호일지도 모른다. 지금 당장 회사를 그만둔다면 월급을 받지 않고 몇 달이나 버틸 수 있을까? 분명한 건 대안도 없이 회사를 함부로 그만두어선 안 된다는 점이다.

휴일을 어떻게 보내고 있는지 생각해보자. 밀린 잠을 몰아서 자거나 하릴없이 텔레비전 프로그램을 보면서 시간을 보내고 있는 건 아닌가? 어렵게 휴식 시간을 얻었다면 그 시간에 내가 가장 잘하는 일을 찾아보자. 어쩌면 내가 가장 좋아하고 잘하는 일을 찾아 부자가 될 발판을 발견할지도 모른다.

오프라 윈프리, 조앤 롤링에 이어 세 번째로 여성 부호가 된 사람은 마사 스튜어트다. 그녀는 그저 가난한 것이 싫어서 돈을 잘 벌 수 있는 일을 찾았고, 몇 번 실패한 뒤에 전업 주부로서 요리하고 집 안 꾸미는 일에서 재능을 찾게 되었다. 그리고 그 재능으로 그녀는 성공하게 된다. 마사 스튜어트는 다음과 같이 말한다.

"자신이 하는 일을 사랑하는 것은 멋진 일이다. 좋아하는 일을 하면 힘이 저절로 생긴다. 열정이 한껏 고취되어 열중하게 되고 감각은 예민해진다. 삶이 곧 일이고, 일이 삶이다. 그래서 나는 하루하루 흥분으로 가득 찬 삶을 살고 있는 행운아가 되었다."

내가 좋아하고 잘할 수 있는 분야에서 일한다면 다른 사람에게 매달리지 않고 일할 수 있을 거다. 남들에겐 귀찮은 일이 내 손을 거치면 멋지게 변화하는 것이 하나라도 있는가?

20대의 시간은 생각보다 짧다. 앞으로 어떤 일을 하면 가장 멋지게 해낼 수 있는지 생각해보자. 그리고 선명하게 상상해보자. 내 힘으로 이루는 성공의 그날을, 그 아름다운 광경을…….

05

생뚱한 생각,
발칙한 행동으로
돈을 불러볼까?

거의 대부분이 부자가 되기를 소망한다. 대개 부자가 되기 위해 매달 일정한 금액을 모아 종잣돈을 만들어둔다. 그렇게 모은 종잣 돈으로 주식, 펀드, 부동산 등에 투자해서 크게 이익을 보고, 그럼 으로써 빨리 부자가 되기를 꿈꾼다.

하지만 현실은 어떤가? 요즘은 끝 모를 불황의 연속 시대다. 예 전에는 인기를 끌었던 부동산 투자는 경기 하락으로 단물 다 빠진 형국이다. 정부에서는 부동산 경기를 어떻게든 살리려고 노력하지 만, 제대로 그 실효를 못 내고 있다. 펀드 역시 이를 통해 큰돈을 벌 었다는 사람이 별로 없다.

이제는 생각을 달리해야 한다. 재테크일랑 걷어차고 남다른 것, 그런 경쟁력 함양에 집중해야 한다. 남들이 하지 않는 생뚱한 생각, 과감하도록 발칙한 행동을 거침없이 하라고 나는 권하고 싶다.

인생의 목적은 최상의 자신을 만들어 최고의 삶을 사는 데 있다. 생각 없이 다른 사람들을 따라 하고, 편하고 안전하고 쉬운 곳에 머 무는 것은 진정한 삶이 아니다. 장 폴 사르트르는 한 인간의 현재 모습은 자신이 만든 결과라고 했다. 자신이 남과 크게 다르지 않은 평범한 사람이라면 이는 그동안 남과 다르게 생각하고 행동하지 않았기 때문이다.

확실히 돈을 버는 사람은 남다르게 행동하는 경우가 많다. 그들은 세상을 관찰하면서 새로운 생각을 아낌없이 터뜨린다. 당연한 것을 당연하게 여기지 않으며, 남들이 뛰어드는 사업에 똑같이 뛰어들지 않는다. 주력시장에 자금이 몰릴 때 그 시장이 미처 생각하지 못한 틈새시장을 찾아 돈을 모은다.

르네상스 시대 피렌체의 대표적인 집안인 메디치 가문을 이끄는 코시모 메디치가 가업을 이어받은 뒤 피렌체는 유럽에서 비단 제조업 중심지로 떠오른다. 돈 많은 은행가들은 앞다투어 비단공장에 투자한다. 하지만 코시모 메디치는 이 경쟁에 뛰어드는 대신 다른 사업에 손을 대기 시작한다.

당시 비단을 비싼 값으로 팔기 위해서는 염색을 해야 했는데, 비단은 표면이 미끄러워 염료만으로는 제대로 염색할 수 없었다. 명반이라는 돌에서 나온 화학약품을 촉매제로 사용해야 제대로 염색할 수 있었다. 이 사실을 안 코시모 메디치는 명반 사업이 고객관리가 쉽고, 비단공장에는 무조건 명반이 필요하기 때문에 명반 사업을 독점한다면 얼마든지 높은 값을 받을 수 있다고 생각했다. 그 생각은 적중했다.

코시모 메디치는 명반 사업으로 번 돈을 다른 명반 광산을 개발하는 데 투자했다. 얼마든지 명반을 구할 수 있게 된 피렌체의 비단

공장들은 다른 도시와의 경쟁에서 이길 수 있었고, 피렌체는 부유한 도시가 되었다. 남들이 앞다투어 비단 생산에만 투자하는 동안 '비단 사업이 커지면 사람들이 무엇을 필요로 할까?'를 계속 자문하며 틈새를 찾아냈고, 돈을 벌어들인 거다.

사람들은 돈을 벌었다고 하는 일에 무작정 뛰어들곤 한다. 한때 찜닭과 불닭이 인기를 끈 시절이 있었다. 많은 사람이 찜닭과 불닭 음식점을 개업했다. 하지만 요즘 보면 그때의 호황을 누리는 집은 별로 없다. 그렇게 뒤늦게 경쟁에 뛰어들었다가 이익을 보는 사람은 별로 없다. 미국 서부개척 시대에 금광 바람이 불었을 때 실제로 돈을 번 사람들은 금광에서 일하는 사람들에게 물을 판 사람들과 청바지를 판 사람들이었다고 한다.

사람들이 몰려드는 시장에서 한 발 비켜서 그들이 무엇을 필요로 하는지 생각하는 습관을 들여야 한다. 틈새시장은 주력시장에 무작정 뛰어드는 것보다 크게 돈 벌 수 있는 기회를 준다. 부자가 되고 싶다면 남들이 크게 관심을 가지지 않는 곳에도 시선을 두어야 한다.

유럽에서는 일찍이 금과 은이 부족했다. 고대 로마 시대부터 금과 은은 돈으로 사용되었기 때문이다. 돈을 만드는 재료인 금과 은은 주로 헝가리에 있는 티롤 광산에서 생산되었다. 그런데 이 광산은 너무 많은 금과 은을 캐내 13세기부터 폐광 위기에 놓인다. 금과 은으로 돈을 만드는 시대에 주요 생산지가 폐허로 변했으니 경제가 어려워질 수밖에 없었다.

이런 상황에서 거대한 부를 일군 사람이 등장한다. 바로 야콥 푸거다. 야콥 푸거의 집안은 본래 재봉업을 하였는데 당시 유럽에 큰 화제가 되었던 부르고뉴 공작의 외동딸인 마리아와 오스트리아 황태자 막시밀리안의 결혼식 예복 제작을 맡게 되었다. 야콥 푸거의 아버지인 율릭 푸거는 한순간에 패션계 거장으로 떠올랐다. 1481년 아버지를 대신하여 결혼식 예복값을 받으러 황실로 간 야콥 푸거는 막시밀리안 황제에게 다른 사람이 보기에 엉뚱한 제안을 한다. 예복값 대신 버려진 티롤 광산의 채굴권을 요구한 것이다. 폐광이나 다름없었기에 황제가 된 막시밀리안은 이를 허락한다.

광산 채굴권을 얻은 뒤 야콥 푸거는 이탈리아 기술자들의 도움을 받아 광산을 더 깊이 파고, 지하수를 퍼내는 데 성공한다. 1511년 아버지가 세상을 떠나자 야콥 푸거는 가업인 봉재업을 접고 광산업으로 전환한다. 그의 예상대로 지하수를 퍼내자 티롤 광산에서는 막대한 금과 은이 쏟아져나온다. 야콥 푸거는 이 광산에서 10년 동안 막대한 금과 은을 캐낸다.

당시 유럽인들은 신대륙에 있는 금에만 관심이 있었을 뿐 이미 가지고 있던 자원을 활용하는 방법을 생각하지 못했다. 야콥 푸거가 이탈리아에서 물을 아래에서 위로 퍼올리는 펌프를 보았을 때 이탈리아 귀족들은 이것을 단지 재미있는 장난감으로 여기고 저택에 분수를 만들어 사람들에게 보여주는 데 그쳤다.

어떤 사람에게는 펌프가 단지 재미있는 장난감이지만, 어떤 사람에게는 돈을 벌 수 있게 해주는 유용한 기계가 된다. 너무 평범한 생각을 한다면 우리는 큰돈을 벌 기회를 놓치게 된다.

그동안 실패를 그저 피하고 싶은 것으로만 간주해왔던 건 아닌지 생각해보자. 실패를 두려워하는 사람에게 IBM의 토머스 왓슨 1세는 "성공을 원한다면 실패율을 두 배로 높여라"라고 말했다. 성공한 사람들은 실패를 성공으로 다가가는 단계에 불과하다고 말한다.

『예술가여 무엇이 두려운가』를 쓴 데이비드 베일즈는 양에서 질이 나온다는 사실을 입증해 보였다.

수업 첫날 도예반을 이끄는 선생님은 학생들을 두 무리로 나누어 한 무리는 작품의 양으로 평가하고 다른 무리는 질로 평가하겠다고 말했다. 양으로 평가하는 그룹은 저울로 무게를 재어 일정 기준 이상의 양이 나오면 좋은 점수를 받을 것이었고, 질로 평가하는 사람들은 높은 평가를 받을 만한 완벽한 작품만을 제출해야 했다. 이상한 점은 가장 훌륭한 작품은 모두 많은 양을 생산한 쪽에서 나왔다는 것이다. 양을 기준으로 삼은 학생들은 부지런히 작품을 많이 만들면서 실수로 배웠지만 질로 평가되는 학생들은 어떻게 하면 완벽한 작품을 만들까만 생각하다가 내보일 것이 별로 없었다.

이 사례에서 보듯 우리는 우선 양으로 승부해야 한다. 그래야 가치 있는 '질 높은 수준'에 도달할 수 있다. 그러고 나면 다시 더 많은 양을 소화할 수 있다.

발레리나 강수진은 발레슈즈를 가장 많이 쓰고 빨리 못 쓰게 만드는 사람으로 유명하다. 철저한 연습으로 망가진 그녀의 발이 화제가 된 일도 있었다.

돈을 많이 번 사람들이 하는 말이 있다. 돈을 좇아서 부자가 된 것이 아니라 자신이 원하는 바를 따랐더니 돈이 들어왔다는 것이다. 다시 한 번 지금 원하는 것이 무엇인지 생각해보는 시간을 가지자.

몽골군이 유럽을 침공했을 때 그들의 무기는 뛰어난 기마술이었다. 그들은 가벼운 갑옷을 입고 말을 몇 마리씩 바꾸어 나가면서 기동력을 최대한 발휘했다. 반면 유럽 기사들은 무거운 철갑옷을 입고 전쟁터에 나왔다. 갑옷의 무게를 이용해서 앞으로 나아가는 데는 유용했으나 갑옷이 너무 무거워 기동력을 발휘하기는커녕 한 번 말에서 떨어지면 그대로 포로가 되거나 목숨을 잃게 되었다. 유럽에서 쓸모 있었던 전술이 몽골군과 싸우는 데는 전혀 도움이 되지 않았던 거다.

한 번 쓸모 있었던 전략이 모든 상황에 적용되고 해결책이 될 수 있는 건 아니다. 만약 변화하고 싶다면 현재 살던 방식에서 벗어나 새로운 시도를 하는 것을 두려워해서는 안 된다.

휴대전화를 가지고 있지 않은 사람이 거의 드물 정도다. 휴대전화를 만들어서 얻는 이익보다 휴대전화를 버려서 얻는 이익이 더 많다는 사실을 알고 있는가? 휴대전화는 이제 점점 더 빠르게 변화하고 있다. 조금만 늦게 시장에 내놓아도 뒤처지기 십상이다. 하지만 휴대전화를 부수어 희귀한 금속을 다시 가공해서 이용하는 업체는 큰돈을 벌고 있다고 한다.

돈을 벌고 싶다면 세상이 어떻게 흘러가는지 아는 일도 중요하다. 일본영화 〈춤추는 대수사선〉에는 수사 과정에서 하는 형사들의 인상적인 대사가 나온다.

"미국에서 벌어진 일은 몇 년 뒤에 일본에서도 일어납니다."

선진국에서 만연한 문제가 우리나라에서도 벌어질 가능성은 높다. 그걸 꿰뚫어야 한다. 나는 신문 국제면을 읽으며 우리나라에서는 어떤 일이 벌어질까 생각하곤 한다. 바로 이 지점에서 필요한 것이 통찰이다. 신문의 다양한 면을 읽으면서 좀 더 폭넓게 세상을 볼 수 있도록 통찰력을 길러보자. 이게 곧 돈을 부르는 생동한 생각과 발칙한 행동의 토대가 될 것이니까.

CHAPTER 4

나는 나를 사랑해
_자존감 *Self-Regard*

01

변화를 위한
기회,
고난을 사랑해

조개는 상처를 받아야만 평범한 칼슘 덩어리로 진주를 만들 준비를 한다. 진주를 만들기 위해서는 고운 살결을 파고드는 모래알의 고통을 처절하게 느껴야 하는 거다. 사람도 마찬가지다. 충분히 상처받고 더는 어떻게 해볼 수 없을 정도로 궁지에 몰렸을 때 비로소 변화를 위한 몸부림을 치게 된다. 분명 고난은 쾌락과 세속의 가치관들을 포기하고 진주를 잉태하게 하는 매우 중요한 도구다.

내가 집필을 결심한 시기는 뮤지컬 관련 직업을 갖고 싶지만 어떻게 접근해야 할지 모를 때였다. 스물아홉이라는 나이에 뭔가를 하지 않으면 꿈은 그저 꿈으로만 남을 것 같았다. 그래서 일단 글을 쓰기 시작했다.

한계에 직면했을 때 어떤 사람들은 다른 길을 찾는다. 워싱턴 어빙은 이렇게 말했다.

"위대한 인물에게는 목적이 있고, 평범한 사람들에게는 소망이 있을 뿐이다."

지금 너무 힘들어서 아무것도 할 수 없다고 생각한다면, 그런 나 자신에게 죄책감밖에 들지 않는다면 맹자의 글을 한번 읽어보라 권하고 싶다.

하늘이 어떤 사람에게 장차 중책을 맡기려면 반드시 그 마음을 괴롭게 하고, 그 살을 다 빠지게 하며, 이 때문에 지치게 하며 그가 하는 일 중에서 되는 일은 하나도 없이 자꾸 꼬이게 한다. 그렇게 하는 까닭은 그 마음을 움직이고 천성을 끈질기게 하여 자신의 성질을 참아서 그전에 해내지 못했던 일을 더욱 잘할 수 있도록 만들기 위함이다.

우리 집안 사정이 점점 안 좋아지는 것이 내 눈에 보이기 시작했다. 그때 내가 할 수 있는 일인 책 쓰기에 더욱 몰입했던 것 같다.

나보다 어린 20대에게 글을 남기는 이유는, 시간 낭비는 그만하고, 남들과 똑같이 하는 것을 그만하고, 자신의 길을 찾았으면 하는 바람에서다. 지금 고통 속에 있다면, 하늘이 더 크게 쓰기 위해 연단하는 과정이라고 생각하길 바란다.

어린아이를 키우는 엄마 아밀리아 안토네티가 있었다. 갓 태어난 아기 데이비드는 피부가 가려워서 긁어대느라 잠도 제대로 자지 못하고 먹는 것도 잘 먹질 못했다. 아밀리아는 면밀히 조사하기 시작했다. 도대체 무엇이 아이를 저렇게 힘들게 하는가? 그녀는 어떻게 해야 아이의 고통을 해결해줄 수 있을지 그 방법을 찾기 시작했다. 이상한 점은, 가려움증은 화요일에 가장 심했고, 그렇게 그 일이 반복된다는 것이었다. 조사를 계속해보니 빨래할 때 쓰는 화학 세제가 문제의 원인임을 발견했다. 아밀리아는 화요일에 집중적으로 빨래를 했으니까.

아밀리아는 아기 피부에 해가 되지 않는 천연비누를 만들기 시작했다. 아기 피부가 좋아질 때까지 계속된 실패에 아랑곳하지 않고 그녀는 꾸준히 노력했다. 그 결과 드디어 아기의 건강을 해치지 않을 비누를 만들어낼 수 있었다. 아기 데이비드는 더 이상 긁는 일이 없어졌고 이전보다 훨씬 건강해졌음은 물론이다.

자기 애와 같은 문제를 겪는 아이가 많다는 것을 알고 있었기에 아밀리아는 이웃들에게 비누를 나누어주었다. 사람들은 폭발적인 인기를 끄는 것으로 화답했다. 이 때문에 아밀리아는 천연비누 회사를 세웠는데, 그 회사가 우리나라에도 알려진 '소프웍스'다.

윈스턴 처칠은 "성공은 계속해서 실패하더라도 열정을 잃지 않는 능력이다"라고 말했다. 조이스 브라더스는 "성공에 관심이 있는 사람은, 실패를 정상에 오르기 위한 건강하고 필연적인 성공의 일부로 간주하는 법을 배워야 한다"고 말했다.

더 많이 성공을 원한다면 더 많이 실패해서 실패 점수를 올려야 한다. 그 점수는 성공으로 가는 마일리지가 될 거니까.

'반드시 최고로 똑똑하거나, 재미있거나, 멋진 사람이 될 필요는 없다. 그냥 마지막까지 살아남으면 된다. 그리고 포기하지 않으면 성공한다.'

이 얼마나 간결한 구절인가? 원하는 것을 얻기 위해 얼마까지 실패해도 아무렇지 않게 행동할 수 있는가? 슬립 카운티의 창립자인 고드 로운즈는 이렇게 말했다.

"성공과 실패의 차이를 만드는 것은 의지와 결단과 포기하지 않는 태도다."

내가 스물아홉 살까지 실패한 이유를 말하고 싶다. 나는 성질이 무척 급했다. 실패하면 그 실패에 주저앉아서 원망만 했다. 하지만 이제 백 번은 실패해볼 생각이다. 백 번째 실패를 하면 어떻게 할 거냐고? 백한 번째 실패를 하거나 처음으로 성공을 거둘 것이다.

실패하지 않은 사람은 시도하지 않은 사람이라는 말이 있다. 꼭 하고 싶은 일이 있다면 포기하지 말고 끝까지 전진하길 바란다.

실패를 다른 말로 고쳐보면 어떨까? 성공을 하기 위한 준비 단계! 준비를 완벽히 하지 않는다면 많은 고통을 겪을 거다. 더 완벽해지기 위한 필수 과정으로써 실패를 인식해보자.

미국의 한 여의사가 아프리카에 구호 활동을 하러 갔다. 남편도 따라갔다. 아프리카로 가기 전에 받은 편지에는, 아프리카는 너무 적막하고 원주민과 황량한 들판 외에 아무것도 없다는 말이 있었다. 남편은 많은 준비를 하고 아프리카에 갔다.

어느 날 남편은 책 속에서 '사고를 전환하면 세상 모든 것을 얻을 수 있다'는 글을 읽었다. 여의사와 남편은 처음에는 다른 데는 몰라도 이곳 아프리카에서만큼은 가능하지 않을 거라고 생각했다. 그들은 생각을 바꾸기 위해 시각을 달리했다.

원주민들의 수공예품은 무척 아름다웠다. 게다가 그들이 살고 있는 아프리카의 토양이 매우 특이하여 도자기를 만들면 어떨까 하는 생각을 했다. 상처를 낫게 해주는 약초도 있었다.

아프리카는 변하지 않았다. 여전히 적막하고 황량했다. 하지만 그들의 시선이 달라지면서 그들은 미국에서 손꼽히는 부자가 되었다. 아프리카에서 나오는 물건들을 팔아 그렇게 된 것이다. 처음에는 황량하기 그지없는 곳이 생각을 달리하자 신기한 물건들이 많은 시장으로 변했다.

지금 처한 상황에서 절망하기보다는 조금만 달리 생각해보자. 그러면 뭔가 멋진 것을 발견하게 될 거다. 고난은 불행을 낳는 고통이 아니다. 나를 변화시키는 아주 사랑스러운 기회다.

02

나를 얽매는 틀,
이젠 한번
깨볼까?

영화 〈트루먼쇼〉는 우리에게 시사하는 바가 크다.

텔레비전 프로듀서가 한 인간이 태어나고 죽을 때까지의 전 생애를 모조리 기록하겠다는 욕심으로 큰 촬영장을 만든다. 이 촬영장은 한 도시에 맞먹을 만한 크기이고, 한 남자가 태어나면서부터 어른이 된 시기까지 일거수일투족을 촬영할 수 있게 된다.

촬영 대상이 된 남자는 트루먼 버뱅크. 그는 어려서부터 호기심이 많아 자신이 살고 있는 도시 밖, 즉 촬영장 바깥에 무엇이 있는지 늘 궁금해했다.

만약 트루먼이 촬영장 바깥으로 나간다면 그를 더 이상 촬영할 수 없게 되고 트루먼 쇼는 끝나게 된다. 프로듀서는 이를 막기 위해 어린 트루먼이 양아버지와 같이 배를 타고 바다로 나갔을 때 양아버지가 물에 빠져 사라지게 한다. 이로서 트루먼은 물을 두려워하게 되고, 아버지를 죽게 했다는 죄책감에 시달린다.

자신을 길러준 부모, 어릴 때부터 절친했던 친구, 심지어 아내까지 트루먼 쇼를 위해 투입된 배우로서 트루먼이 바깥으로 나갈 생각을 할 때마다 극구 말린다.

트루먼의 첫 사랑인 실비아라는 여성만이 촬영장 안에 있는 사람과 다르게 행동한다. 트루먼이 피자 먹으러 가자고 하자 실비아는 '지금' 먹으러 가자고 한다.

두 사람이 해변에서 첫 키스를 하고 서로의 마음을 확인한 지 얼마 되지 않아 프로듀서의 하수인이 나타나 그녀를 데리고 피지로 간다는 말을 남긴 채 사라진다.

하지만 비밀이 영원히 드러나지 않을 수는 없는 법. 느닷없이 하늘에서 조명이 떨어지고, 자신을 감시한다는 사실을 차 안에 있는 라디오에서 흘러나오는 말소리로 알게 된다. 비로소 트루먼은 서서히 진실에 눈을 뜨게 된 것이다.

결국 트루먼은 그토록 두려워했던 물을 극복하고 배를 타고 촬영장 바깥으로 나가려고 한다. 그는 프로듀서의 회유를 거절하고 촬영장 밖으로 나간다.

이 영화에서 가장 인상적인 부분은 트루먼이 세트장을 나가고 트루먼 쇼가 끝났을 때 그 장면을 지켜보던 두 남자가 다음 텔레비전 프로그램으로 뭘 볼까 고민하는 씬이 아닐까 싶다. 그 장면을 보고 촬영장 바깥에 있는 사람 역시 틀에 박힌 사고를 하는구나 하는 생각에 두려움까지 일으켰으니까. 트루먼 쇼가 방송되는 동안 광고 수입으로 돈을 벌고 절대자 행세를 한 프로듀서에게 놀아난 사람은 트루먼뿐만 아니라 평범한 시청자들도 마찬가지였다.

혹시 나는 지금 촬영장을 벗어나지 못한 트루먼과 같은 처지는 아닌지 생각해보자. 늘 계속되는 일상 속에서 나는 진짜 원하는 것을 외면하고 있는 건 아닐까?

여행을 떠나자는 트루먼에게 지금 살고 있는 곳이 최고의 낙원이라고 강권하는 주변 사람들 같은 이들이 주위에 없는가? 평온한 일상 속에서 아무런 변화도 추구하지 않는다면 촬영장에 갇힌 트루먼과 다르지 않다.

자신이 처한 현실이 뭔가 마음에 들지 않는다면, 그래서 변화를 추구하고 싶다면 실비아가 트루먼에게 '지금' 가자고 했던 것처럼 당장 해야 한다.

20대인 나 자신에게 모험을 허락해보자. 진정으로 원하는 것이 무엇인가? 대기업과 공기업에 들어가는 것이 최고의 선택인가? 마음속으로 자신이 바라는 삶이 이게 아닌데 싶으면 지금 하고 있는 일을 잠시 멈추고 생각해보자. 인생은 생각보다 매우 길다. 앞으로 평균수명이 100살을 넘어선다는 통계도 있지 않은가?

진정으로 원하는 일이 있다면 이제 그 일을 해보자. 만약 주변 사람들이 최선의 것이라고 권하는 게 나 자신에겐 2퍼센트 부족한 일이라면 100퍼센트 마음에 드는 것을 찾아봐야 한다. 그게 나 자신에게 당연히 베풀어야 할 예의다.

흔히 실패는 성공의 어머니라고 말한다. 하지만 실패를 연이어 겪었을 때 다시 도전할 엄두조차 내지 못하는 사람이 많다.

'성공이야말로 성공의 어머니'라고 달리 생각해보는 건 어떨까? 성공의 속내를 들여다보면 그것이 작은 성공이 쌓여 가능했다는 사실을 알게 된다. 작은 성공이 모이고 모여 질적인 변화를 일으키는 것이다. 나 자신은 어떤 분야에서 성공하고 싶은지 다시 한 번 생각해보자.

스티브 잡스는 이렇게 말했다.

"한 가지 진실을 깨닫는다면 삶은 훨씬 더 장대해진다. 당신이 삶을 바꿀 수 있고, 영향을 미칠 수 있으며, 다른 사람들이 이용할 만한 당신만의 무언가를 만들 수 있다는 사실이다. 이를 깨닫는 순간 당신의 삶은 영원이 바뀔 것이다."

세상을 바꾸기 위해서는 우선 나 자신의 삶부터 바꾸어야 한다. 나 자신에게 집중해야 할 단 한 가지는 무엇일까?

세상에서 가장 슬픈 것은 '~ 때문에 할 수 없었다' 하는 후회 섞인 말이다. 말이 씨가 된다고 한다. 그동안 나는 스스로에게 격려가 되는 말을 했는지, 아니면 스스로를 끝없이 탓하면서 자신의 힘을 스스로 빼앗았는지 생각해보아야 한다.

사람들은 온갖 어려움을 극복하고 성과를 거둔 사람들의 이야기를 듣는 것을 좋아한다. 인생에서 주인공으로 살고 있다고 분명히 말할 수 있는가? 현재 주인공으로 살고 있지 못하다면 그 이유는 무엇일까?

아무도 나를 완벽히 알지 못한다. 나 자신만이 나를 잘 알고 있다. 플라톤의 동굴의 비유를 보면 현재 보고 있는 것만이 전부가 아니라는 사실을 알 수 있다.

어느 동굴의 죄수 몇 명이 동굴 벽을 바라볼 수 있도록 되어 있지만 등 뒤를 바라볼 수는 없다. 그들의 몸이 쇠사슬로 묶여 있기 때문이다. 죄수들의 등 뒤에는 불이 환하게 비추고 있다. 그 죄수들은 불이 비치면서 만들어지는 그림자를 세상의 전부로 알고 있다.

어느 날, 한 죄수의 쇠사슬이 풀리면서 그는 자신이 처한 상황을 알게 된다. 자신이 진실이라고 알고 있던 사물이 사실은 그림자라는 사실을 알고 충격에 빠진다. 동굴 입구를 발견한 그는 동굴 밖으로 나와 여러 가지 동식물들을 보게 되고, 마지막으로는 태양을 바라본다. 모든 진실을 알게 된 죄수는 동료들에게 이 사실을 알려주려고 하지만, 아무도 믿지 않는다.

현재 자신이 묶여 있고, 자신이 머물고 있는 공간 밖에 더 큰 세계가 있다는 것을 알아야 한다. 내 삶을 스스로 계획하고 행동하는가? 아니면 다른 사람이 하는 행동과 말을 무작정 따라만 하고 있는가?

머리가 좋지만 사악한 여행자가 배에 양을 가득 태운 사람과 여행을 하게 되었다. 여행자는 양 주인에게 어디로 가느냐고 물었지만, 양 주인은 그를 무시하며 아무런 말도 하지 않았다. 모욕감을 느낀 여행자는 양 주인에게 가장 큰 양을 사겠다고 했다. 양 주인은 엄청나게 비싼 값을 매겼지만 여행자는 한 푼도 깎지 않고 양을 샀다. 양이 자기 것이 되자마자 여행자는 그 양을 발로 차서 강물에 빠뜨렸다. 그 순간 배에 타고 있던 모든 양이 강에 빠진 양을 따라 물속으로 뛰어들었다. 놀란 양 주인은 양을 잡으러 하다가 자신마저 물에 빠지고 말았다. 여행자는 우두머리 양의 행동을 무조건 따라하는 양의 습관을 잘 알고 있었던 것이다.

스스로가 주변에 있는 사람의 행동을 아무 생각 없이 그대로 따라하는 양은 아닌지 생각해보자. 사람들은 자신이 삶의 주인이라는 사실을 알고 있다. 그렇지만 실제로 자신의 삶을 사는 사람은 드물다. 대개는 남들이 정해준 틀 안에 갇혀 다른 사람이 시키는 대로 살아가고 있다.

자신이 새로운 삶을 살게 되었다고 해서 주변에 있는 모두가 변화하는 나를 바람직하게 여기는 것은 아니다. 많은 사람이 변화하지 않고 그대로 있는 이유는 그들이 변화를 싫어한다기보다는 그대로 있는 것이 편해서이기 때문이다.

아기가 오랫동안 머물러 있던 가장 편안한 자궁을 벗어나는 일은 고통스럽다. 하지만 자궁에서 벗어나지 않는다면 살아갈 수 없을뿐더러 새로운 삶을 살 수 없다. 같은 맥락으로 항구에 배가 머물러 있다면 그 배는 더 이상 배의 역할을 할 수 없게 된다. 배는 항구를 벗어나 항해하려고 있는 거다.

지금부터 변화하겠다고 결심하고 행동하자. 더 이상 미루지도 말고 나를 감싸고 있는 틀을 깨버리자. 행동해야 원하는 것을 얻을 수 있다. 만약 지금까지 살아왔던 생활방식으로 살 수 없다고 느끼면 한 걸음이라도 변화를 위한 행동에 나서야 한다.

우선 나 자신이 하루를 어떻게 보내고 있는지 점검하자. 하루 종일 바쁘게 보내고 있어서 변화하기 위한 시간을 낼 수 없다고? 그렇다면 아무렇지도 않게 하는 잡담, 텔레비전 시청, 인터넷 검색 등으로 얼마나 많은 시간을 흘려보내고 있는지 돌아보자.

어떤 삶을 살고 싶은지 생각해보자. 시간을 어떻게 보내고 있는지 적어본다면 생각보다 중요하지 않은 일에 꽤 많은 시간을 보내고 있다는 사실을 깨닫게 될 거다.

사람은 생각하는 대로 원하고, 원하는 만큼 얻을 수 있다. 앞으로 나 스스로 어떤 생각을 하는지 감시하자. 올바른 생각, 긍정적인 생각만이 지금의 틀을 깨고 스스로를 올바르게 행동할 수 있도록 도울 수 있다.

03

생각을
성형할까?
더 나은 나를 위해

스스로 어떤 꿈을 꾸고 있는지 늘 생각해야 한다. 그 꿈을 이루었는가? 아니면 여전히 그 꿈을 이루기 위해 노력하고 있는가? 왜 그 꿈을 포기할 수밖에 없었는가?

심리학자이자 철학자인 윌리엄 제임스는 "만일 어떤 사람이 자신이 이루고자 하는 꿈을 정했다면, 그것을 이루느냐 못 이루느냐에 따라 그 사람의 자존감이 결정된다"고 말했다. 나 스스로 중요하다고 여겨 선택한 일을 얼마나 잘 완수했는지, 되고 싶은 사람에 얼마나 성공적으로 접근했는지가 중요하다는 말이다.

앞서 말했듯 나는 뮤지컬 작가가 되어 독특한 이야기를 쓸 거다. 사람들에게 신선한 충격을 주는 이야기, 상식을 비트는 이야기로 말이다. 그러기 위해서 나는 다양한 이야기와 경험을 접하려고 매 순간 노력하고 있다.

어느 작가는 스스로를 계발하지 않으면 다른 사람에게 밀려난다는 불안감에 휩싸인다고 한다. 그는 집필을 위해 독서를 시작했고, 글 쓰는 습관을 들이려고 하루에 무조건 한 꼭지 이상의 글을 쓰며 훈련했다고 한다. 그와 동시에 외부적으로는 평소와 다름없이 성과를 내기 위해 최선을 다했다고 한다. 겉으로 보이는 일상은 늘 같았을지는 모르지만 남들이 모르는 밤과 새벽이 있었다고 말한다. 그 시간에 스스로를 더 발전시키려 안간힘을 쓴 것이다.

그렇게 시간이 흐르고 자신이 쓴 책이 나오기 시작했다. 1년에 한 권씩 책을 쓰겠다는 스스로 세운 계획이 실현되기 시작한 거다. 더불어 다른 사람들과 함께하는 계획도 서서히 성과가 나기 시작했다고 한다. 이전까지 땅바닥에 내동댕이쳐졌던 자존심이 스스로 만든 성과로 조금씩 올라오기 시작했다고 했다. 이처럼 자존심은 누가 만들어 선물하는 것이 아니라 스스로 만드는 거다.

책을 쓰고 싶은가? 그렇다면 많은 책을 읽어야 한다. 어떤 작가는 책을 쓰기 전에 관련된 책 100권을 읽지 않으면 책을 쓰지 않는다고 한다. 풍부한 사례와 말이 되는 이야기를 쓰기 위해서다. 많은 자료를 읽기 위해 일부 사람들은 속독법을 익혀야 한다고 하지만, 나는 굳이 배울 필요가 없다고 생각한다.

일본의 한 작가는 '책을 빨리 읽어치워야 한다'는 강박감이 있는 사람치고 독서를 제대로 즐기는 사람이 드물다고 말한다. 책을 빨리 읽을 수 있도록 해준다는 속독법을 익히느니, 책을 읽고 싶어서 참을 수 없는 욕구가 생길 때까지 잠자코 기다리는 편이 훨씬 낫다고 주장한다.

마오쩌둥은 "붓을 들지 않는 독서는 독서가 아니다"라고 말했다. 독서할 때 중요하다고 생각하는 부분이 있다면 베껴 적기도 하고 책에 줄을 긋거나 책을 읽으면서 떠오르는 느낌을 쓰는 것을 해 보자. 단, 도서관에서 빌려온 책이 아니라 자신이 직접 산 책에 그렇게 해야 한다는 사실을 잊지 말자.

책을 빨리 읽는다고 반드시 좋은 것은 아니다. 책을 빨리 읽는 편인 나는 한 권을 다 읽고 나면 오히려 불안감이 생긴다. 속도에 집중하여 중요한 내용을 놓친 것은 아닌가 하는 생각이 들기 때문이다. 이런 불안감을 해소하는 방법은 읽은 책을 다시 한 번 읽는 거다.

내게도 한 번 읽으면 더 이상 읽고 싶지 않은 책과 한 번 독파했음에도 반복해서 여러 번 읽고 싶은 책이 있다. 책을 평가하는 것은 스스로의 몫이다. 베스트셀러라고 좋은 평가만을 받는 것은 아니다.

책을 쓰기 위해 하는 독서는 그냥 책을 읽는 것보다 훨씬 꼼꼼하게 책을 읽게 한다. 이 작가는 왜 이런 의견을 내세우는지 책에 인용된 사례는 어떤 것이 있는지 살펴보게 된다.

아놀드 베넷은 다음과 같이 말했다.

"일생일대의 분투를 준비하지 않고, 자신에게 있는 능력을 모두 발현하지 않는 사람과 자신의 한계에 맞서지 않는 사람이 진정한 비극의 주인공이다."

지금 서 있는 바로 그 자리에서 변화를 위해 행동해야 한다. 언제가 되었든 돌아갈 곳이 있다면 사람의 마음가짐은 흐트러지기 쉽다.

지금 갈망하는 것은 무엇인가? 사람들은 나이를 먹으면 먹을수록 꿈을 이야기하는 것을 겁낸다. 꿈을 말하면 꼭 무슨 안 좋은 일이 생기거나 불이익을 받는다고 생각하는 것처럼 행동한다. 어렸을 때 무슨 꿈을 꾸었는가? 그때 꾼 꿈을 왜 지금은 이룰 수 없다고 생각하는가?

꿈은 자신이 어떻게 의지를 갈고닦으며 행동하느냐에 따라 힘을 발휘할 수 있다. 다른 사람들이 꿈을 빼앗고 짓밟으려 든다면 최대한 지켜내야 한다. 꿈을 이룬 사람일수록 다른 사람이 꾸는 꿈을 소중히 여긴다. 꿈을 이루기 위해 해야 할 일 중 어쩌면 가장 중요한 것은 혼자 있는 일을 두려워하지 않는 것일 거다.

꿈이 있다는 것, 꿈을 향해 달려가는 사람은 자신감이 있어 보인다. 다른 사람에게 너그러워지기도 한다. 자신이 세운 꿈은 스스로 만든 것인가? 아니면 다른 사람이 주입한 것인가?

주입식 교육이 나쁘다고 하지만 나는 20대나 그보다 어린 사람들에게 꿈을 주입하는 것이 더 나쁘다고 생각한다. 자신이 못 이룬 꿈을 남더러 대신 이뤄달라는 부모님들도 많다. 나는 이것을 만행이라고 생각한다. 꿈을 버리지도 않았고 그렇다고 소중히 간직하고 이루지도 못했으면서 그 꿈을 대신 이루어달라고 하는 것은 자녀들에게 정말 좋지 않은 일이다.

어떤 일을 할 때 부정적인 생각을 가지면 끝없이 부정적인 생각이 이어져 당황한 적이 있는가? 긍정적으로 생각하게 되면 계속 긍정적인 흐름을 타게 되고, 부정적인 생각을 품고 일을 하면 부정적으로 일이 흘러가게 마련이다. 그러므로 어떤 일을 할 때 '이 일은 어떤 좋은 점이 있을까?' 하고 생각해야 한다.

시카고대학교의 심리학자 유진 젠들린은 "부정적인 생각이 드는 원인을 정확히 인지하는 순간, 부정적 생각은 저절로 날아간다"고 했다.

이제 더 나은 나를 위해 생각을 성형해보자. 역시나 이를 위한 가장 손쉬운 방법은 책을 동원하는 거다.

04

아주
특별한
나만의 다이어리

일기를 쓰고 있는가? 초등학교 시절 강제로 일기를 검사받아야 했던 기억 때문에 지금까지 일기를 쓰지 않고 있는지 한번 돌아보자. 나는 특별한 일기를 세 가지로 써보라 권하고 싶다.

　첫 번째 일기는 스스로를 칭찬하는 칭찬일기다.

　두 번째 일기는 하루를 보내면서 감사한 일을 적는 감사일기다.

　세 번째 일기는 앞으로 어떤 모습으로 살아갈 것인지를 다짐하고 체크하는 미래일기다.

　자존감이 낮은 사람은 스스로에게 부정적이다. 이러한 내면 상태는 상대방에게도 그대로 드러나게 마련이다.

　나 스스로 부정적인 생각을 하고 있다면 아무도 중요한 일을 맡기려 들지 않을 거다. 자신감이 넘치는 사람도 많은데, 진행하는 일을 부정적으로 보는 사람이 있다면 누가 그 일을 흔쾌히 맡기려 하겠는가?

　긍정적인 생각이 왜 중요한지 알려주는 이야기가 있다.

　한 신발공장에서 아프리카 시장을 개척하기 위해 직원 두 사람에게 사업 가능성이 얼마나 되는지 알아보라고 했다. 첫 번째 사람은 아프리카에 신발을 신은 사람이 아무도 없기 때문에 아무도 신발을 사 신지 않을 것이라고 보고했다. 두 번째 사람은 아프리카에 신발을 신은 사람이 없기 때문에 이 시장에 진출하여 신발을 팔면 잘 팔릴 것이라고 보고했다. 회사 관계자는 두 번째 사람의 보고를 채택했고, 신발공장은 매출 신장의 결과를 얻었다.

부모님들이 하는 이야기가 다른 자식과 비교하는 일이라면 정말로 듣고 싶지 않을 거다. 스스로 생각하기에 부모님의 화제에 오르는 사람과 자신은 너무 차이가 나고 더 이상 그런 이야기를 듣고 싶지 않은 게 인지상정이다.

나는 나다. 나는 이 세상에 하나뿐인 유일한 존재다. 보석 가운데 최고로 꼽히는 다이아몬드다.

다이아몬드 원석 1캐럿을 얻기 위해서는 40톤의 광석을 캐내야 하고 그 가운데 50퍼센트는 공업용으로 쓰인다. 그 보석의 50퍼센트에서도 성냥알만 한 크기로 연마될 수 있는 원석은 극히 적기 때문에 하찮게 취급할 수 없으며 모두 특별할 수밖에 없다고 한다.

스스로가 너무 작다고 생각하는가? 자신을 다이아몬드 원석이라고 생각하자. 다이아몬드는 아주 작아도 그 가치를 인정받는다.

다이아몬드는 세공에도 엄청난 노력이 필요하다. 스스로가 초라하게 느껴진다면 지금 이 힘든 시기는 자신을 갈고닦아 빛나는 보석으로 탈바꿈하기 위해 필요한 시간이라고 생각하자. 내면에 있는 진정한 빛을 내보이는 순간 사람들은 달리 평가할 거다.

이런 측면에서 칭찬일기는 아무리 작은 일이어도 자신이 잘하는 것을 적어야 한다. 하루에 세 가지씩 자신이 잘한 일을 적는다면 앞으로 자신이 잘했다고 생각한 일을 더 많이 하게 될 거다.

평소에 지각을 자주하는 사람이 제시간에 출근했다면 그 일을 칭찬하자. 일이 밀려 늘 야근해야 하는 사람이라면 조금 벅차더라도 그날 해야 할 일의 분량을 정해서 마친 뒤 제시간에 퇴근해보고 그 일을 칭찬하자.

최근에 한 뇌과학 실험 결과 '칭찬언어'를 들으면 기쁨을 느끼는 뇌 영역이 자극된다고 한다. 뇌가 '칭찬언어'를 자극으로 받아들이면서 행복감을 유도하는 호르몬 분비가 증가하고 기분이 안정되는 한편, 활기가 샘솟기 때문에 부정적인 생각이 사라진다고 한다.

스스로를 칭찬하면 확실한 효과를 얻을 수 있다.

첫째, 자신의 좋은 점을 찾아내는 습관이 생겨서 다른 사람의 장점도 잘 발견하고 칭찬할 수 있게 된다. 그래서 자신은 물론이고 주변 사람들까지 친절하게 대할 수 있다.

둘째, 자신을 객관적으로 바라볼 수 있으므로 단점까지도 수용하고 긍정적인 변화를 이끌 수 있다.

자기 칭찬을 계속하다 보면 신기하게도 자신에게 칭찬해주는 사람이 하나 더 생긴다고 하니 꼭 실천에 옮겨보자.

평소 스스로를 평가할 때 변명을 자주 하는 사람이라고 생각하는가?

"해봤자 안 된다", "그거 있어봤자 소용없다"는 등의 말을 자주 쓰는 것은 아닌지 점검해보자.

하버드대학교 의과대학의 필레이 박사는 "모든 부정적 생각의 뿌리는 생존하지 못할까 하는 두려움이며, 두려움의 원인을 알아보는 순간 부정적 생각은 저절로 사라진다"고 했다.

부정적 생각을 사라지게 하려면 부정적인 생각을 무시하지 않고 자세히 관찰해야 한다. 관찰을 하면 부정적 생각을 하게 된 원인이 십중팔구 근거 없는 허상으로 밝혀져 이내 부정적 생각을 없앨 수 있다.

직장에서 인간관계로 고민하고 있다면 어떻게 해야 할까?

최선을 다해 일하는 자기 자신을 매일 칭찬해보자. 우선 자기 내면의 불안감을 자신감으로 전환하기 위해 스스로를 칭찬해야 한다. 칭찬일기를 쓰기 위해 전용 펜과 공책을 준비해서 손으로 써보자. 손으로 글을 쓰는 작업은 뇌의 전두전야(사고 명령을 내리고 기쁨이나 슬픔, 분노 등의 감정을 조절하며 기억을 불러내는 뇌 부위)를 비롯해 다양한 부위를 활성화시킨다고 한다.

칭찬일기가 그날 했던 행동 가운데 칭찬 받을 행동이 무엇이었나를 생각하게 해준다면 감사일기는 말 그대로 그날 있었던 사건 중 감사할 일이 무엇인지를 적어보는 거다. 굳이 감사해야 할 일이 하나도 없다고 생각된다면 지금 살아 있는 것에 감사하자. 죽은 자는 꿈을 이룰 수 없으니까. 살아 있기 때문에 불평할 수 있고, 더 나은 삶을 위해 노력할 수 있으니까.

감사일기를 쓰기 시작하면서 나는 감사한 일이 나날이 늘어나는 것을 느낄 수 있었다. 그 이유는 감사하는 마음이 자석처럼 감사하는 마음을 끌어당기기 때문이다.

마지막으로 미래일기를 써보자. 간절하게 바라는 일이 있는가? 그 꿈을 머릿속에서만 생각하는 것은 아닌가? 진정 간절히 바라는 것이 있다면 그것을 직접 종이에 적어라. 총명한 머리보다는 무딘 연필이 낫다는 말이 있다. 기억력에 너무 의지하지 말고 기록하라는 뜻이다.

하버드대학교와 예일대학교는 '인생의 장기 목표가 꿈을 이루고 행복하게 사는 데 얼마나 도움이 되는지' 심리 연구를 공동으로 진행했다. 이 연구에 참여한 사람 중 자신이 꿈을 이루었다고 믿으며 사회와 가정 모두에서 행복을 느끼고 노년에도 안정된 삶을 보낼 정도의 재산이 있는 사람의 비율은 약 3퍼센트였다. 그 아래 10퍼센트는 중산층이었고, 빚을 약간 진 채 근근이 살아가는 서민층이 60퍼센트, 꿈을 이루기는커녕 다른 사람이 도와줘야 살아갈 수 있는 극빈층은 27퍼센트였다.

부유층과 중산층은 공통점이 있었다. 바로 인생의 장기 목표가 있었다는 점이다. 그들은 인생의 목적과 방향이 뚜렷했다. 부유층과 중산층을 가른 차이점은 문서로 작성된 분명한 인생계획표가 있느냐 없느냐였다.

어떤 사람이 30년 전에 자신이 쓴 일기를 읽어보게 되었다. 일기장을 뒤로 넘길수록 온몸에 소름이 돋는 것 같았다고 한다. 당시에는 현재 모습을 알 리 없었을 텐데도 30년 전 했던 생각이 현실에 그대로 반영되고 있었기 때문이다. 더욱이 과정이 생각대로 되지 않은 경우에도 결국 결과가 같게 나왔다고 한다. 사람은 결국 자신이 결심하고 각오한 대로 이루어지게 되어 있다.

미래일기를 쓰는 것은 간단하다. 종이에 혹은 공책에 현재 날짜를 쓰고 미래에 일어나길 바라는 일들을 하나하나 적어보는 거다. 중요한 것은 몇 년 몇 월 몇 일까지 이루고 싶은지 분명히 해야 한다는 점이다. 그 기일이 분명할수록 그것을 이루기 위해 무엇을 해야 할지 거꾸로 계산해서 계획할 수가 있다.

미래일기를 다 썼다면 소중하게 늘 지니고 다녀야 한다. 가지고 다니면서 수시로 읽어보자. 그리고 꿈을 이루기 위해 어떤 행동을 해야 하는지 생각해보자. 원하는 것은 미래일기를 쓴 뒤 매일 읽고 어떻게 실현할 것인지 끊임없이 생각해야만 이룰 수 있다.

내 경우 사소한 일부터 미래일기에 적었다. 그리고 매일 들여다보니 정말로 한둘씩 이루어지기 시작했다. 이제 나는 좀 더 큰 것을 얻기 위해 노력하고 있다.

원하는 것이 큰 소망이든 작은 소망이든 간절히 원하고 그것을 얻기 위해 노력한다면 반드시 이루어질 거다. 그러니 지금부터 나에게 필요한 나만의 아주 특별한 다이어리를 펼쳐 내 인생을 멋지게 써보자.

05

과거와
쿨하게 이별하면
성공이 다가온다

지금 이 순간 스스로를 어떻게 생각하는가? 혹시 남들보다 형편 없이 뒤떨어졌다고 생각하지는 않는가? 자신의 단점은 몇 가지든 쓸 수 있지만 장점은 어떤 것이 있는지 한 가지도 쓰기 어려운가?

　만약 그렇다고 생각한다면 발상을 전환할 필요가 있다. 스스로 의 장점을 찾을 수 없다면 다른 사람의 장점을 찾는 일 또한 쉽지 않을 거다. 이미 사고회로가 단점을 찾는 데 익숙해져 있을 테니까 말이다.

　회사가 새로운 작업을 맡긴다면 충분히 해낼 자신이 있는가? 이 새로운 작업을 제대로 수행한다면 상사에게도 인정받고 승진에서 도 유리한 위치를 선점한다고 생각하면 어떨까? 이런 조건이라면 누구나 그 작업을 하고 싶어 할 거다. 하지만 자신감이 부족한 사람 이라면 눈앞에 성공할 수 있는 기회가 주어져도 자신의 능력이 부 족하다고 생각하여 포기할지도 모른다.

　왜 자신감이 없느냐고 묻는다면 전에 저지른 큰 실수 때문에 이 번에도 실패할까 걱정이 되어서 그렇다고 대답할 거다. 이런 사람 은 주로 완벽주의자들이다. 무엇을 하든 완벽하게 준비되어 있지 않으면 작은 일조차도 제대로 시작할 수 없는 부류다. 그러나 실패가 두려워 아무것도 시도하지 않는다면 얻을 것은 단언컨대 단 하나도 없다.

내가 쓴 첫 번째 원고를 출판사에 보냈을 때 일이다. 나는 출판사에서 긍정적으로 반응해주기를 바랐다. 하지만 어떤 출판사는 내 첫 번째 원고가 자신들과 맞지 않는다고 했고, 아예 답변조차 하지 않는 출판사도 있었다.

전에 저지른 실수를 반복할까 두려워 아무것도 시도하지 않으려는 사람들에게 권하고 싶다. 만약 과거에 얽매여 있으면 아무것도 시도할 수 없다는 걸 그들도 알고 있을 거다. 쓰라린 과거에서 벗어나고 싶다면 현재와 미래를 중요하게 여기자. 과거는 1초라도 되돌릴 수 없지만, 현재와 미래는 얼마든지 새롭게 만들어나갈 수 있다.

과거에서 벗어나지 못하고 있다면 여기 두 여성을 주목해보길 바란다.

이름은 메리 튜더와 엘리자베스 튜더다. 자매이긴 하지만 메리는 블러디 메리(Bloody Mary, 피투성이 메리)로 악명을 얻었고, 엘리자베스는 굿 퀸 베스(Good Queen Beth, 훌륭한 여왕 베스)로 불렸다.

이 여성들은 16세기 영국을 다스리던 헨리 8세의 두 딸이었다. 헨리 8세는 왕국이 잘 다스려지려면 아들이 있어야 한다고 생각했다. 아들을 얻겠다는 일념으로 무려 여섯 번이나 결혼했지만, 자녀는 딸 둘과 아들 하나뿐이었다. 큰딸 메리의 어머니는 에스파냐 왕실의 공주인 캐서린이었는데 아들을 낳지 못해 헨리 8세와 강제로 이혼했다. 캐서린과 이혼한 헨리 8세는 앤 불린과 결혼하여 엘리자베스를 낳았다. 앤 불린도 결국 아들을 낳지 못했고, 헨리 8세는 앤 불린을 간통죄와 반역죄로 몰아 처형하고 말았다. 앤 불린을 처형한 뒤에 헨리 8세는 세 번째로 제인 시모어와 결혼하여 아들 에드워드 6세를 낳았다. 그러나 에드워드의 몸이 워낙 약해 헨리 8세는 두 딸인 메리와 엘리자베스의 왕위 계승권을 인정했다.

헨리 8세와 에드워드 6세가 차례로 세상을 떠나고 메리는 친척인 제인 그레이를 여왕으로 세우려는 세력을 물리치고 많은 국민의 축하를 받으며 여왕이 되었다. 헨리 8세와 에드워드 6세는 개신교인 성공회 신자였으나 메리는 독실한 가톨릭 신자였다. 그녀는 영국의 국교를 가톨릭으로 되돌리려고 했다. 또한 그녀는 자신의 어머니가 강제로 이혼 당했다는 사실에서 벗어나지 못했다.

즉위하자마자 아버지와 자신의 친어머니인 캐서린의 결혼이 유효하다고 발표했고, 국민들의 반대를 무릅쓰고 에스파냐의 펠리페 2세와 결혼했다. 하지만 펠리페 2세와 결혼하면서 영국은 에스파냐와 프랑스 간의 전쟁에 끼어들어 결국 영토마저 잃게 되었다. 메리를 비난하는 여론이 높아져가고 남편인 펠리페 2세마저 떠나버리자 그녀는 이 모든 잘못이 신교도들에게 있다고 생각하고 그들을 탄압하기 시작했다. 수백 명의 신교도들을 화형에 처했고, 메리 1세는 그렇게 블러디 메리로 불렸다.

1558년 11월 메리 1세가 사망하고 엘리자베스 1세가 즉위했다. 그녀 또한 자신의 정통성을 위해 어머니를 복위하려고 한 적은 있었다. 하지만 긁어 부스럼을 만든다는 충고를 듣자 더 이상 시도하지 않았다. 대신 그녀는 당시 위태로운 상황에 있었던 영국을 살리

는 데 노력했다. 그녀가 즉위하는 동안 영국은 약소국에서 벗어나 강한 나라로 성장하게 되었다.

메리 1세와 엘리자베스 1세를 가른 차이는 과거에 집착했는가와 그렇지 않는가에 있었다.

만일 과거의 쓰라린 경험을 했다면 그 과거에서 벗어나기 위해 노력하자. 과거에서 벗어나지 못한다면 잘못된 선택을 하게 될 테니까. 무엇보다 자신의 끔찍한 과거를 누구의 탓으로 돌리지 않는 게 좋다. 그것이 과거에 매몰되지 않고 현재와 미래에 성공하는 방법이다.

자신이 예전에는 잘나갔다면서 자랑하는 사람들은 거의 대부분 현재 초라한 모습이다. 물론 과거도 중요하다. 과거에 저질러진 잘못을 지금 반복하지 않으려면 과거에 어떤 일이 있었는지를 잣대로 삼아야 하기 때문이다. 하지만 자랑할 것이 과거의 일부분뿐이라면 스스로에게 너무 초라하지 않을까?

과거에 저지른 실수를 현재 되풀이하지 않겠다고 다짐하고 순간순간 최선을 다하자. 그렇다면 더 이상 잘못된 과거가 현재의 나를 괴롭히지 않을 거다. 우리는 20대다. 살아온 날보다 살아갈 날이 더 많다. 현재와 미래에 최선을 다하고, 이미 지나간 과거와는 쿨하게 이별해보자. 그러면 그토록 갈구하는 성공이 내게 마음 놓고 다가올 거다.

CHAPTER 5

세상을 사로잡는
립스틱을 바르고
_화술 *Speech*

MADRID

SUN 9000

HONG KONG

MUNICH

SINGAPORE

PANORAMA WAY

NEW ♥ YORK

AMSTERDAM

LONDON

MARS

BANGKOK 150km

Phnom Penh

01

공감 코드,
그와 그녀를
사로잡다

단 1센트라도 거래를 한 고객에겐 주차권을 주지만, 거래가 없는 고객에겐 60센트의 주차요금을 받는 은행이 있었다.

　어느 날 단골 우수고객이 이 은행을 방문했다. 우수고객은 그날 거래가 없었기에 은행은 역시나 그에게 60센트의 주차요금을 부과했다. 발끈한 그는 직접 지점장을 찾아갔다. 60센트가 아까워서가 아니라 고객을 대하는 태도에 화가 난 거라며 그는 지점장에게 항의했다. 그의 말을 들은 지점장은 "규정이 그렇습니다"라며 주차요금을 부과한 직원의 편을 들었다. 사과의 말을 듣고 싶었던 그는 지점장의 태도에 더욱 화가 치밀었다.

　그는 그 자리에서 즉시 은행 본사로 항의 전화를 걸었다. 하지만 달라지는 건 없었다. 본사 여직원은 "본사와는 상관없는 일입니다. 각 지점이 해결해야 할 문제입니다"라며 책임을 회피했다. 머리끝까지 화가 난 그는 곧장 은행 창구로 달려가 자기 계좌에 있던 250만 달러를 전부 인출했다. 그러고는 250만 달러 거래를 마쳤으니 60센트를 돌려달라고 지점장에게 요구했다.

　규정은 신뢰의 수단이다. 그러나 규정만 앞세워 상대의 감정을 묵살하면 상대방에게 상처를 입히는 일이 된다. 그 규정이 언젠가는 부메랑이 되어 자신에게 상처를 입힐지도 모른다.

"규정이 그렇다!"

조직 속에서 사람들이 책임을 회피할 때 자주 쓰는 말이다. 하지만 정말로 규정이 사람보다 소중한 것인지 생각해봐야 한다. 막무가내 규정만 앞세우다 보면 어느 순간 주변에 있는 사람들이 한둘씩 떠나는 것을 경험할 거다. 혹시라도 오해하진 말길 바란다. 규정이라는 것은 물론 대단히 중요하다. 내가 말하고자 하는 것은 규정의 잣대를 들이대는 데에서 때로는 융통성 있는 처세, 즉 공감 코드로 상대를 대할 필요가 있다는 거다. 어차피 규정이라는 것도 사람 사는 데 필요한 편리 목적으로 만든 거니까.

경영학자들은 21세기가 개인주의가 팽배한 시대인 만큼 타인의 공감을 이끌어내는 능력이 그 어느 때보다 더 요구된다고 말한다. 공감을 이끌어내는 능력이란 단순하게 말해 상대방이 어떤 감정 상태인지, 어떤 생각을 하고 있는지를 간파해서 그에 따른 적절한 시그널을 보내 내 쪽으로 오게 만드는 거다. 이 능력은 인간관계에서 소통의 출발점인 만큼 서비스 업계에서 특히 더 중요하다.

그렇다면 공감을 이끌어내는 능력, 어떻게 키울 수 있을까?

우선 상대에게 집중하면서 지속적으로 관심을 두어야 한다. 상대가 어떤 감정 상태인지, 어떤 말을 하는지, 또 언어뿐만 아니라

비언어의 몸짓과 표정까지 주목해야 한다. 공감을 이끌어내는 능력의 핵심은 관계의 축을 나에게 두지 않고 상대에게 두는 거다.

카운슬러들은 독특한 화술을 사용한다. 그들은 상대가 하는 생각의 흐름을 따라가면서 상대의 말에 직접적으로 동의하거나 부정하지 않는다. 그저 탄성을 섞어 호응만 할 뿐이다. 예를 들어 "전 직장에서 왕따예요. 일이 서툴러서 그런지 아무도 제게 말을 시키지 않아요"라고 상대가 말하면, 카운슬러는 "아! 직장에서 아무도 말을 시키지 않아서 왕따라고 느끼시는군요"라고 말한다. 요컨대 카운슬러는 상대가 하는 말에 자기 의견을 섞지 않고 반복만 한다. 이런 과정을 되풀이하면 상대는 마침내 소외감, 불안감 등 내면에 짙게 깔린 문제들을 풀어놓는다.

바로 이런 대화 자세가 우리에게 필요하다. 사람이 원하는 것은 해결책을 만들어주는 입보다 자신의 고민을 들어줄 귀일 경우가 많다. 고민이 있는 사람은, 해결책은 둘째치고 무엇보다 자신의 기분에 동의해주길 바란다. 타인의 공감을 통해 고통스러운 마음을 털어놓고 긴장 상태에서 벗어나 상황을 해결할 준비를 우선 갖추려는 거다.

또 하나 필요한 대화 자세는 역지사지다. 상대가 화가 났다면 그는 자신의 입장에서만 상황을 바라보고 있을 거다. 이럴 때 '나라면 어떨까?', '내가 상대의 입장이라면 어떨까?' 하는 식으로 생각해보는 거다. 상대가 화나 있는 경우 상대의 상황을 이해해주는 것만으로도 분위기가 우호적으로 변할 수 있다.

호텔 프런트 업무 직원에게 한 커플이 다가와 방을 달라고 했다. 직원은 방을 청소하고 준비해야 하기 때문에 오후 세 시 이후에나 체크인할 수 있다고 했다. 그러자 커플은, 자신들은 신혼여행을 왔으며 36시간이나 잠을 자지 못했다며 버럭 짜증을 냈다. 순간 직원 역시 발끈할 뻔했지만, 그는 상대방의 상황을 차분히 생각해봤다. 결국 직원은 무료 아침식사 쿠폰을 주고 해변에서 잠시 쉴 수 있도록 두 사람을 배려했다. 커플은 그날 오후 직원에게 감사 인사를 했다.

사실, 다른 사람을 배려하고 그 입장에서 생각하는 건 여유가 있을 때 가능한 일이다. 경제적이든 정신적이든, 가난한 사람일수록 자기 것을 빼앗기는 일을 두려워하면서 눈앞에 있는 이익을 손에 넣으려고 애쓴다. 그들에게 양보를 요청해보았자 돌아오는 것은 안 좋은 소리뿐이다. 이런 반응이 나온다면 상대가 처한 상황을 제대로 이해하지 못했기 때문이다.

운전하고 있는데 자꾸 추월하려고 애쓰며 경적을 울려대는 차가 있다고 치자. 어떻게 대응할 것인가? 그 운전자와 도로 위에서 전쟁을 벌일 것인가? 그렇게 추월 경쟁을 벌이다가는 자칫 사고로 세상 하직할 수도 있다. 상대방에게 피치 못할 어떤 사연이 있을지도 모른다. 사랑하는 가족의 사고 소식을 듣고 급하게 병원으로 가야 하는 사람이라면?

마하트마 간디는 "약자는 용서하지 못한다. 용서는 강자만이 할 수 있다"고 했다. 강자처럼 행동할 것인지 약자처럼 행동할 것인지 생각해보자.

평소 어떤 말을 쓰고 있는지 한번 생각해보자. 일상에서 쓰고 있는 말 가운데 부정적이고 폭력적인 단어가 들어 있는지 생각해보자. 살다 보면 정말 말이 씨가 된다. 우리가 부정적인 말을 쓰면 쓸수록 상황은 악화된다. 그뿐만 아니라 자신도 모르게 냉소적으로 변한다. 따라서 좀 더 밝고 긍정적인 말로 상대와 대화할 필요가 있다.

부정적인 말을 쓸수록 분위기는 절대로 내 편이 되어주지 않는다. 무언가 할 수 없는 것에 불평하는 대신 그 상황에서 뭔가 할 수 있는 일을 생각해보자. 부정적인 사람은 눈앞에 놓인 돌을 걸림돌로 생각하고, 긍정적인 사람은 그것을 디딤돌로 생각한다.

세상 사람들을 내 편으로 만들고 싶다면 상대를 이해해주는 공감 코드의 마인드와 언어로 다가서보자. 이는 쓸데없는 적을 만들지 않으면서 내 인맥을 넓히는 필살기 중의 필살기다.

02

나를
올리는
협상의 기술

사회생활을 하자면 그 누구도 협상이라는 것을 피할 수 없다. 협상이란 무엇인가? 협상의 사전적 의미는 '어떤 목적에 부합되는 결정을 하기 위하여 여럿이 서로 의논함'이다. 따지고 보면 협상이라는 것은 우리의 일상에서 다반사로 오가고 있다. 그럼에도 왠지 모르게 협상은 남성들만의 전유물로 이해되는 경향이 있다. 특히 연봉 협상의 경우 더 그런 듯하다.

　남녀평등을 이야기할 때 빼놓을 수 없는 이야기가 직장 내에서 벌어지는 차별, 특히 연봉의 차별이다. 실제로 여성은 남성보다 월급을 적게 받는다. 출산과 육아로 인해 직장에서 오래 일하지 못하기 때문에, 즉 경력 문제로 월급을 적게 받을 수도 있다. 하지만 문제는 사회에 첫발을 내딛은, 아직 결혼도 하지 않았고 수준이 비슷한 남녀 직장인 사이에서도 월급 차이가 벌어진다는 점이다.

　한 여성이 대학에서 박사과정 주임 교수로 일할 때 대학원 여학생 대표들이 그녀를 찾아왔다. 그들은 많은 대학원 남학생이 직접 수업을 맡아 가르치는 반면 여학생 대부분은 교수들의 수업 조교로만 일한다며 불평했다. 그날 오후 그녀가 수업을 배정하는 학장에게 여학생들의 불만을 전달하자 학장은 간단히 답변했다. 자신은 능력 있는 학생들이 합리적인 보수를 제시하면서 수업할 기회를 달라고 요구하면 누구에게나 기회를 주려고 노력하지만, 남학생은 많이 요구하는 데 비해 여학생은 요구하지 않는다는 게 요지였다.

여자는 잘 요구하지 않는다. 남녀를 불문하고 누구나 자신이 바라는 일이 있다. 하지만 여자들은 자신이 원하는 것을 제대로 이야기하지 않는 경향이 있다. 이 때문에 불이익을 겪는다면 참 안타까운 일이다.

그 여성은 학장이 답변한 말을 듣고 여자들이 요구하지 않는 데서 생기는 문제들을 좀 더 알아보고 싶었다. 그래서 카네기멜론대학교 석사학위 졸업생들의 연봉을 살펴보는 연구를 진행했다.

남자가 받는 초봉은 여자보다 7.6퍼센트, 즉 거의 4,000달러나 높았다. 이 차이를 설명하기 위해 그녀는 더 많은 임금을 요구하며 협상한 사람과 처음 제안을 그대로 받아들인 사람을 조사했다. 그 결과 임금 협상을 벌인 여자는 7퍼센트에 불과했고 남자는 그보다 8배 많은 57퍼센트가 더 많은 돈을 요구한 것으로 나타났다. 특히 학교의 취업 부서가 협상을 하라고 강력히 조언했음에도 이런 결과가 나온 것에 놀랐다.

가장 충격적인 결과는 협상한 학생들(대부분 남학생)은 초봉을 평균 7.4퍼센트 즉 4,053달러나 더 받았다는 사실이다. 다시 말하면 여학생들이 협상을 벌였을 경우 남녀 초봉 차이는 그다지 없었을 거라는 얘기다.

미국 카네기멜론대학교에서 학생들을 모아 실험을 했다. 그들에게 간단한 게임을 하는 대가로 3~10달러를 주겠다고 말했다. 실험 대상 학생들에게 네 차례씩 게임을 하도록 한 뒤에 3달러를 건네주며 "여기 3달러가 있습니다. 이 정도면 괜찮을까요?"라고 물었다. 만약 참가한 학생이 더 많은 돈을 요구하면 10달러를 주었지만, 직접 요구하지 않고 게임한 대가가 적다고 불평한 학생들에게는 돈을 더 주지 않기로 했다.

결과는 놀라웠다. 실험에 참가한 학생들 중 여학생보다 거의 9배나 많은 남학생들이 돈을 더 요구했던 것이다. 남학생들은 제공받은 대가에 불만이 있으면 돈을 더 요구하면서 그 불만을 해결하려고 적극적으로 노력했다. 그러나 여자들은 순응할 뿐 상황을 개선하기 위한 노력을 기울이지 않았다.

여자들이 협상을 두려워하는 이유는 자신이 바라는 것을 솔직히 밝히지 못하기 때문이다. 여자들에게 "원하는 것을 바랄 생각도 하지 마라. 당신들은 결정된 것을 따르기만 하면 된다"고 용감히 말할 수 있는 사람이 몇 명이나 될까? 그런 사람이 없는데도 여자들이 자신이 원하는 것을 분명히 말하지 않는다. 거기서 비롯된 피해는 연봉에만 그치지 않는다. 여자들이 협상하기를 기피하기 때문에 자신의 능력보다 낮은 직위로 직장생활을 시작하고 그만큼 승진도 늦어진다.

유리천장이라는 말이 있다. '눈에 보이지는 않지만 결코 깨뜨릴 수 없는 장벽'이라는 뜻으로 여성의 고위직 승진을 막는 조직 내의 보이지 않는 장벽을 일컫는 말이다.

미국의 기업지배구조 분석기관 GMI 레이팅스가 조사한 바로는 2013년 3월 말 기준 한국 기업의 여성임원 비율은 1.9퍼센트로, 조사 대상 45개국 중 두 번째로 낮았다. 꼴지는 일본으로 여성 임원 비율이 1.1퍼센트였고, 1위를 한 노르웨이는 기업의 여성임원 비율이 36.1퍼센트였다.

코스피와 코스닥 상장 기업 1,787개 가운데 여성이 CEO인 곳은 13곳(0.73퍼센트)인데, 기업주 가족이 아닌 CEO는 4명에 불과했다. 선진국이라는 영국에서도 비슷한 상황이다. 공인경영연구소(CMI)가 조사해보니 2012년에 영국의 여성 과장급 보너스는 3,029파운드로 집계되었다. 이는 같은 직급 남성의 보너스인 6,442파운드의 절반에 불과한 것이다. 보너스를 받는 비율도 여성이 열위에 있었다. 여성의 42퍼센트가 보너스를 받았지만 남성은 그보다 10퍼센트 높은 52퍼센트로 집계되었다.

여성이 불리한 위치에 있다는 사실을 알았다면 어떻게 해야 할까? 이러한 현실에서 협상이 필요하다는 사실을 알았다면 앞으로 어떻게 할 것인가?

협상을 하지 않아서 피해를 본 사람의 사례를 소개하고자 한다. 남영숙 이화여자대학교 국제대학원 교수가 박사학위를 마치고 첫 직장으로 제네바에 있는 국제노동기구(ILO) 채용 시험에 합격했을 때의 일이다. 당시 ILO에서 보내온 채용제안서는 만족스러워 보였다. 직급이나 연봉은 다 알아서 해주겠거니 하고 주저 없이 승낙했다. 그런데 막상 제네바에 가보니 자신이 받은 직급은 정당하게 받을 수 있는 직급보다 한 단계 낮은 것이었다. 국제기구는 승진이 어렵기 때문에 처음 시작할 때의 직급이 매우 중요하다. 억울한 마음에 주위의 남자 신입 동료들에게 물어보니 그들은 남영숙 교수와 유사한 직급을 제시받았지만 협상을 해 올려 받았다면서, 오히려 그녀에게 왜 협상을 하지 않았느냐고 되물었다.

이런 일을 겪은 뒤 그녀는 다른 국제기구로 옮길 때나 한국으로 돌아와 정부부처와 대학으로 직장을 옮길 때마다 직급이나 연봉을 끈질기게 협상했고, 일정 부분 원하는 것을 얻어냈다. 그녀는 만일 자신이 요구하지 않았다면 원하는 것을 얻어내지 못했을 테고, 자신이 공정하다고 느끼는 것보다 낮은 직급이나 연봉을 받았다면 직장생활에 상대적으로 만족하지 못했을 것이라고 말한다.

협상은 처음 하는 누구에게나 불편하다. 협상하면서 벌어지는 의견 차이는 자연스러운 일이다. 협상을 다른 사람과의 갈등으로 인식하지 않고 공동으로 대안을 찾는 과정이라고 생각한다면 훨씬 편안하게 협상에 임할 수 있을 거다.

협상을 잘할수록 상대방도 자신을 더 존중하고 적극적인 사람이라고 생각한다. 자신이 무엇을 원하는지 정확히 알고 그것을 얻으려고 적극적으로 노력하는 사람이 더 믿음이 가지 않겠는가?

협상을 잘하기 위해 다음 사항을 고려해보자.

첫째, 자신의 능력이 어느 정도인지, 현재 위치와 상황을 정확히 파악해야 한다. 그래야 개선을 위한 요구와 협상을 시작할 수 있다. 자신이 몸담고 있는 직종에서 경력이 비슷한 사람들의 정보를 모아 협상하자.

둘째, 더 야심차게 협상을 한 사람이 낮은 목표로 협상한 사람보다 더 많은 것을 얻는다. 높은 목표를 가진 사람은 목표한 것을 얻기 위해 더 오래 버티기 때문이다. 반면 목표를 낮게 설정한 사람은 본인이 생각한 최저한도에 근접한 제안을 받으면 즉시 수락해버린다.

셋째, 자신감이 넘치는 것과 이기적인 것은 전혀 다르다. 강인함을 가려주는 친절과 세련된 예의가 필요하다.

넷째, 상대가 두려워하는 것이 무엇인지 파악하자.

고려 성종 때 거란족의 요나라가 쳐들어왔다. 요나라는 고려에 자신들이 고구려를 계승한 나라이기 때문에 고구려의 옛 땅을 돌려받아야 한다고 주장했다. 당시 고려 조정에서는 땅을 떼어주어야 한다고 주장한 사람들이 있었지만, 서희가 협상에 나섰다. 고구려를 계승한 나라는 요나라가 아니라 고려라고 주장했다. 서희는 요나라가 두려워하는 점을 알고 있었다. 바로 송나라와 고려가 손을 잡고 요나라를 공격할 것을 두려워한 것이다. 서희는 요나라와 교류하지 못하는 것은 여진족이 길을 막고 있기 때문이라고 주장하고 여진족을 몰아내 요나라로 가는 길을 만들어주면 송나라와 교류하지 않겠다고 말했다. 협상이 성공하여 고려는 강동 6주를 얻었다.

다섯째, 상대의 요구를 어느 정도 들어주되, 사소한 조항도 잘 살펴야 한다.

엘리자베스 1세 여왕은 제위 기간 내내 결혼을 하거나 후계자를 정하라는 요구에 시달렸다. 1556년 10월, 엘리자베스 1세는 보조금 예산을 의결하기 위해 의회를 열었다. 이때 의회가 또다시 여왕에게 후계자를 정하라고 압력을 가했다. 이에 여왕은 자신이 빈 몸으로 쫓겨난다 할지라도 기독교를 믿는 나라라면 살아갈 능력이 있음을 신께 감사드린다고 말했다. 그 뒤 한 발 물러나서 왕위계승 문제를 논의해도 좋다고 말했으며 의회가 승인하면 얻어낼 수 있는 보조금 액수를 줄였다. 의회는 기뻐하며 예산안을 통과시켰다. 그런데 의회는 예산안에 여왕이 결혼하기로 약속했다는 내용을 넣으려 했다. 이에 여왕은 강력히 항의했고 결국 결혼 약속 조항은 삭제되었다.

여기서 중요한 점은 원하는 것을 얻어내기 위해서는 다소 물러서는 일을 두려워해서는 안 되고 사소한 조항도 자신에게 불리하게 돌아올 수 있으니 신중히 검토해야 한다는 사실이다.

협상 시 상대와 우호적인 상황에서 하고 싶은가? 어느 신경분석학자는 상대에게 호감을 사기 위해서는 상대가 말한 문장을 슬쩍

되풀이하거나 요약해 반복하는 식으로 상대의 말에 리듬을 맞춰주라고 조언한다.

예를 들면 "그러니까 고객님께서는 가격을 좀 낮춰주었으면 좋겠다, 이 말씀이군요?" 하는 식이다. 그렇게 하면 상대는 내가 자신과 리듬이 척척 맞는다고 생각하여 나를 우호적으로 대하게 된다.

협상할 때는 무의식적으로 하는 몸짓에도 신경을 쓰는 것이 좋다. 조직행동학자인 윌리엄 매덕스는 MBA 학생들에게 협상을 하도록 하면 성공 확률이 고작 12.5퍼센트에 머문다는 사실을 발견했다. 그래서 다음과 같이 행동하도록 지시했다.

"협상을 하는 동안 상대가 의자 등받이에 등을 기대면 여러분도 슬며시 기대보세요. 상대가 한쪽 다리를 꼬면 여러분도 따라서 꼬고 그런 식으로 계속 리듬을 맞춰보세요."

이렇게 리듬을 맞춰주자 협상 성공률이 67퍼센트로 올라갔다.

남을 잘 설득하고 싶다면 어떻게 해야 할까? 그리스의 철학자 소크라테스는 남을 설득할 때 "YES"를 최소한 세 번 연속 끌어내라고 가르쳤다.

그건 사실 쉬운 일이다. 상대방이 쉽게 동의할 만한 가벼운 질문 세 개만 던지면 되니까. 세 번 연속해서 "YES"라고 말한 상대방은 마음속으로는 100퍼센트 반대하던 내용이라도 십중팔구 나에게 동의하게 된다.

심리학자 다니엘 하워드는 "부탁하기 전에 대화가 긍정적인 흐름을 타도록 유도하라"고 충고한다. 긍정적인 말로 시작하면 계속 긍정적인 흐름을 타게 되고 부정적인 생각으로 시작하면 계속 부정적인 흐름을 타기 때문이다.

협상은 결코 피할 수 없는 것 중 하나다. 왜냐하면 수많은 사람 모두 각자의 의견이 있으니까. 협상의 기술을 익힌다면 내가 원하는 것을 얻을 수 있다. 협상을 할 때 상대가 무엇을 원하고 무엇을 두려워하는지 잘 살펴보자. 그러면 나에게 유리한 결과를 끌어올 조커를 손에 쥘 수 있을 거고 결국 이길 것이다.

03

나를 빛낼
스포트라이트,
나만의 브랜드로
쏴볼까?

1984년, 그동안 코카콜라에 뒤처져 있었던 펩시콜라가 슈퍼마
켓 시장점유율에서 코카콜라에 2퍼센트 앞서는 성과를 거두었다.
이에 코카콜라는 새로운 제품을 내놓기로 결정했다. 소비자 20만
명에게 새로 개발한 콜라를 접하게 해보니 반응이 좋았다. 코카콜
라는 이 사실에 고무되어 자신 있게 신제품 출시를 대대적으로 홍
보했다. 하지만 막상 뚜껑을 열어보니 신제품은 펩시콜라보다 매출
에서 뒤처졌다. 사람들은 상표 그대로의 맛을 기대하고 있었던 거
다. 한동안 코카콜라는 원래의 맛을 돌려달라는 소비자들의 항의에
시달렸다.
　이처럼 확실한 브랜드의 속성은 바꾸기가 쉽지 않다. 긍정적 측
면에서 이를 달리 표현하자면 강렬한 브랜드 하나를 만들면 더 이
상 다른 제품을 만들 필요가 없다는 말이다.
　애플을 생각해보자. 대번에 한 입 먹힌 사과 상표, 창조, 혁신 등
의 단어가 떠오른다. 이게 바로 애플을 만든 스티브 잡스의 힘이다.
스티브 잡스는 끝없이 혁신했고, 불필요한 것은 하나라도 없애려
했다. 그는 간결한 것이 아름답다는 철학을 죽을 때까지 고수했다.

그런 강렬한 키포인트가 우리 인생에도 박혀 있어야 한다. 지금 나의 장점과 단점을 적어보자. 장점 중에서 다른 사람이 인정하고 있는 것이 있는가? 나의 장점 중 가장 중요한 건 무엇인가? 나를 표현할 수 있는 단어가 하나라도 있는지 한번 생각해보자.

예컨대 사람들과의 약속을 잘 지킨다면 그 한 단어는 약속이 될 거다. 사람들은 다른 사람들과 맺은 약속은 잘 지키면서 스스로 결심한 일은 잘 지키지 못한다. 만약 아주 중요한 사람과 약속을 했다고 생각해보자. 약속을 어길 경우 큰 불이익이 있다면 약속을 꼭 지키려고 노력할 거다. 또는 자신을 아주 신뢰하고 있는 사람과 약속을 했을 경우 그 신뢰를 깨고 싶지 않아 약속을 지키려 할 거다. 하지만 약속하는 대상이 나 자신일 경우 약속을 지키지 못한 이유를 여러 가지로 대며 자기 합리화할 거다. 흔히 현실과 타협했다고 하지만 타협한 것이 아니라 자신이 한 약속을 지킬 수 없다고 빠져나가는 거다.

다이어트로 여섯 달 동안 8킬로그램을 빼겠다고 결심했다고 치자. 하지만 사흘이 못 되어 여러 가지 핑계가 생길 거다. 헬스장에서 운동하는 것은 너무 시끄러워 안 되겠다느니, 비가 내려 운동을 할 수 없다느니, 몸이 안 좋다느니, 하는 핑계거리가 샘솟을 거다. 결국 체중이 줄기는커녕 늘기만 한다. 어떤 일을 하고자 할 때 나 자신은 가장 도움이 되는 친구가 될 수 있고, 반대로 계획을 사사건건 무산시킬 지독한 방해자가 될 수도 있다.

스스로 어떤 이미지가 있는지 생각해보자. 어렸을 때 별명이 있었는가? 그 별명의 의미는 무엇인가? 새롭게 별명을 만들고 싶다면 어떤 별명으로 하고 싶은가?

오프라 윈프리는 자기 이름을 내세워 토크쇼 프로그램을 진행했다. 이처럼 스스로의 이름을 내세워서 무엇을 하고 싶은지 생각해보자. 연예인 출신으로 자기계발 강사인 오종철 작가는 『온리원』을 통해 자신의 이름을 다시 생각해보라고 권한다. 이름 앞에 수식어를 두면 수많은 사람 중의 하나, 즉 원 오브 뎀(one of them)에 불과하다고 말한다. 만약 이름을 맨 앞에 두는 순간, 자신은 세상에 단 하나밖에 없는 '온리원(Only one)'이 되며, 이 에너지가 새로운

자신과 자신이 보내게 될 일상이 된다고 이야기한다.

원래 오종철 작가는 웃기지 못하는 개그맨이었다. 개그 프로그램에 나가고 싶었지만 기회가 좀처럼 오지 않았다. 그러다 '남이 만들어놓은 판'에서 자신의 꿈을 이루고자 한 것이 문제였음을 깨달았고 다시 새롭게 시작할 수 있었다.

혹시 가장 결정적인 시기에 선택권을 다른 사람에게 넘겨버린 실수를 저지르지는 않았나? 지금 대학생이라면 들어간 대학 혹은 학과가 정말로 마음에 들어서 입학을 결정했던 것인지 한번 생각해 보자.

내가 만들고 싶은 나만의 무대는 어디인가? 그곳에서 나만의 독특한 무엇인가를 만들 수 있는가? 스스로 어떤 평가를 받고 싶은가?

나는 소설을 원작으로 뮤지컬을 만들고 싶다는 말을 앞에서 밝혔다. 디스토피아적인 세계에서도 희망을 잃지 않는 사람들의 모습을 그리는 것, 그게 '신혜정의 뮤지컬'이 나아가야 할 방향이다.

대학을 졸업할 즈음이 되어서야 전공한 학과가 적성에 안 맞았다고 말하는 이들이 있다. 나는, 그렇다면 앞으로 어떻게 할 건지 인생 플랜을 다시 짜보라 권하고 싶다. 사실, 나 또한 남이 정해준 대로 학과를 정했다. 그것이 20대의 첫 단추를 끼우는 데 가장 큰 실수를 한 원인이었다.

뭐, 어찌되었든 과거는 과거다. 지금 중요한 것은 현재와 미래다. 이제부터라도 평생 무엇을 할 것인지를 찾아야 한다. 20대이기에 더 그렇다.

스타강사 유수연 작가는 성공이 어느 분야에나 존재한다고 말한다. 성공은 무슨 일을 하느냐의 문제가 아니라 삶을 어떤 자세로 대하느냐의 문제이고, 개인의 성향 차이라고 말한다.

나는 나 자신이 되어야 한다. 나는 나니까. 나는 중학생 시절, 일기장에 '절대로 평범하게 살지 않겠다'라고 썼다. 그걸 나는 지금도 고수하고 있다.

무엇으로 나만의 경쟁력을 키울 것인가? 찾고 또 찾자. 나를 빛낼 스포트라이트, 누구나 인정하는 나만의 브랜드로 나의 무대에서 나를 밝히자.

04

어텐션!
상대는 나의
집중을 원한다

사람들과 어울리기 힘들고, 어떤 사람에게 도움을 요청해야 하는데도 잘 안 된 적이 있었는지 생각해보자. 나 자신은 너무 수줍음이 많아 남들 앞에 나서기가 힘들다고 생각하는가? 친하게 지내는 사람에게 어떻게 대해야 할지 잘 모르겠는가?

　여기 사람들과 어떻게 하면 잘 어울릴 수 있는지를 알고, 사람들의 마음을 사로잡을 줄 안 사람을 소개한다. 바로 영국 역사상 위대한 여왕으로 평가받고 있는 엘리자베스 1세다.

　엘리자베스 여왕이 대관식을 치르는 날, 축하 행사는 펜처치 가에서 시작되었다. 이때 한 어린아이가 환영의 시를 낭독하려 안간힘을 쓰고 있었지만 군중의 함성에 묻혀 들리지 않았다. 여왕은 군중에게 조용히 해달라고 부탁한 뒤 꼼짝도 하지 않은 채 귀를 기울여 들었다. 그러고는 아이의 말이 심금을 울린 듯 감동에 젖은 표정을 지었다. 그날, '진리'로 분장한 아이가 성서를 여왕에게 건네주었다. 여왕은 성서에 입을 맞추고는 가슴에 끌어안으며 앞으로 부지런히 읽겠다고 약속했다.

　그런 몸짓은 군중에게 여왕이 자신들의 말에 귀 기울일 것이라는 생각을 갖게 했고 그녀는 백성들에게 큰 인기를 얻었다. 이런 점에서 엘리자베스 1세는 군중 앞에 잘 나서지 못했던 이복 언니 메리 튜더와 달랐다. 1553년 8월 메리가 런던에 정식으로 입성했을 때 가난한 아이들이 그녀에게 시를 읊어준 적이 있었는데, 당시 메리는 아이들에게 아무런 반응을 보이지 않았다. 그와 달리 엘리자베스 1세는 많은 군중 앞에 서면 마치 고기가 물을 만난 듯했다. 메리와 대조적인 엘리자베스 1세의 태도에 대해 어떤 사람은 이렇게 말했다.

"여왕께서는 멀리 있는 사람에게는 두 손을 치켜들고 즐거운 표정을 지어 보였고, 가까이 있는 사람들에게는 상냥하고 부드러운 어조로 말을 건네면서 백성들의 호의를 고맙게 받았다."

사람들이 내게 보이는 행동 하나하나에 집중한다면 그들은 자기 말을 잘 듣고 있다는 사실에 기뻐할 거다. 우선 사람들의 말을 들어주자. 누구나 자신이 하는 말에 관심을 기울여주길 바란다. 메리케이 화장품을 만든 메리 케이 애시는 이렇게 말했다.

"저는 모든 사람들이 '저를 소중하게 대해주세요!'라고 새겨진 투명 목걸이를 걸고 있다고 생각합니다. 이것은 사람을 다루는 기술 중 가장 중요한 것입니다."

이런 사람의 대화법을 본받을 필요가 있다. 아무리 하고 싶은 말이 있어도 상대방의 말을 도중에 끊으면 분위기는 어색해진다. 사람들은 모두 자기 말을 잘 들어주는 사람과 대화하기를 바란다.

일본의 유명한 전문 인터뷰어는 자신이 말을 배우는 데 3년이 걸렸지만 말을 듣기를 배우는 데는 20년이 걸렸다고 했다. 그는 좋은 인터뷰란 인정사정없이 매섭게 추궁하면 되는 것이 아니라고 했다. 인터뷰를 훌륭히 하기 위해서는 질문을 받는 사람이 '이렇게 내 이야기를 재미있게 들어주다니, 더 말하고 싶다. 다른 이야기도 꺼내볼까?' 하는 생각이 들도록 해야 한다고 한다.

사람의 입은 하나이고 귀가 두 개인 이유는 말하는 것보다 듣는 것을 두 배 많이 해야 한다는 의미라는 이야기도 있다. 하지만 대개는 자기 이야기만 늘어놓는다. 그런 사람과 오래 대화하고 싶은 사람이 얼마나 될까?

대화를 할 때 상대의 기분을 살펴야 하는 것은 대화법의 기본 중 기본이다. 만일 지금 화가 잔뜩 나 있는 사람이 앞에 있다면 그와 오래 대화하는 것은 웬만해선 피하는 게 좋다.

또 다른 예를 들어보자. 친한 사람이 다리를 다쳤다. 걱정하는 마음으로 왜 다쳤는지를 묻고 싶지만, 상대방은 이미 사람들의 그 질문에 열 번 이상 반복해서 대답해준 터라 더 이상 그 이야기를 하고 싶지 않다. 이럴 때는 왜 다쳤는지 묻지 않고 그저 빨리 나았으면 좋겠다고 말하는 편이 나을 거다.

이야기를 듣는다는 것, 다정한 태도로 상대의 말에 귀를 기울인다는 것은 자기 생각을 전달하려거나 설득하겠다는 욕심을 버리고 오로지 상대에게만 집중하겠다는 뜻이다. 상대의 마음에 감동을 주기 위해서는 이런 대화 자세가 필요하다.

데일 카네기는 이렇게 말했다.

"상대방의 가슴에 감동을 주는 최고의 방법은 그가 가장 소중히 여기는 것을 이야기하는 것이다."

예를 들어 대화할 상대가 만년필을 좋아한다고 하자. 자신이 만년필을 쓰지 않더라도 언제부터 만년필을 쓰게 되었는지, 어떤 만년필을 가장 소중히 여기는지 등을 물어보자. 상대는 당신의 질문에 대답하면서 마음도 열게 될 것이다.

누군가와 친해지고 싶다면 일단 그 사람이 좋아하는 것을 이야기하도록 유도해보자. 사람들은 자신이 아끼는 것을 다른 사람도 인정해주기를 바라니까. 듣기만 해도 상대방의 마음을 얻을 수 있다면 좋은 방법 아닐까?

친한 친구가 우울해 보여서 위로를 해주려고 했다가 상대가 도리어 소리를 지르며 화낸 경험이 있지 않은가? 친구는 왜 화가 난 것일까? 그럴 땐 어떻게 대응해야 할까?

사실, 분노의 대부분은 주의를 기울여달라는 울부짖음이다. 사람들에게는 원래 관심을 끌기 위해 까다롭게 구는 속성이 있다. 자신이 하는 말이 무시당했다고 여겨지면 더 심한 행동, 예를 들면 고함을 지르거나 욕설을 퍼붓는 행동을 하게 되는 거다.

화난 사람에게 귀를 기울이면 상대방은 곧 목소리를 낮추고 이

성적으로 행동하게 된다고 한다. 주의를 집중시킬 필요가 없으니까. 상대가 하는 말을 잘 들어서 상대가 공격적으로 행동하는 진짜 이유를 알게 되면 해결하는 것도 금방 된다.

상대방에게 해결책을 제시하는 것이 오히려 더 큰 반감을 일으킬 수도 있다. 상대는 그저 마음의 고통을 털어놓을 사람이 필요한 것일 뿐이다. 힘든 상황에 놓인 사람이 있다면 그저 긴장 상태에서 벗어나 상황을 해결할 준비를 갖출 수 있게 도와주자. 힘든 상황에 놓인 사람이 괴로워하는 것은 자신이 겪은 고통을 실컷 털어놓을 대상이 없기 때문이다.

05

리더처럼
말하고
행동해볼까?

엘리자베스 1세가 오랫동안 겪었던 위험을 극복하고 드디어 대관식을 올리게 되었을 때, 그녀는 다음과 같이 행동했다.

런던 시민 전체가 대관식을 올리는 그녀의 행렬을 보기 위해 쏟아져 나온 듯한 그날, 특히 여왕이 평민 중에서도 가장 미천한 자들을 향해 고개 숙이는 모습을 보이자 모두 감동의 도가니에 빠졌다. 존 헤이워드 경은 다음과 같이 적었다.

대중의 마음을 사로잡을 재능 또는 품격을 갖춘 사람을 꼽으라면 단연코 여왕을 꼽겠다. 그녀는 행동거지로 자신에게 있는 매력을 한껏 발산해 보였고, 그 행동거지 하나하나가 치밀하게 계산된 것처럼 보였다. 이 사람과 눈을 맞추면서 귀로는 저 사람의 말을 듣고 있고, 누군가를 예의 주시하면서 동시에 다른 사람에게 자신의 의중을 전달하고 있었다.

마치 그녀의 영혼이 도처에 존재하는 듯했다. 어떤 이에게는 동정을 보내고, 어떤 이들은 칭찬해주고, 어떤 이들에게는 감사를 표했으며, 어떤 이들에게는 유쾌하고 재치 있게 농담을 건네기도 했다. 누구도 힐난하지 않았고, 자신이 해야 할 도리를 다했으며 자신의 미소와 화려한 자태와 기품을 최대한 부각시켜 사람들의 기쁨을 배가시켰기에 대관식 이후로 누구나 만나기만 하면 여왕을 끝없이 찬양하기에 이르렀다.

엘리자베스 1세는 대관식을 올리고 정식으로 잉글랜드 여왕이 되었다. 잉글랜드에서 가장 높은 신분이 된 그녀는 오히려 자신을 낮추고 자신을 지켜보는 사람들에게 관심을 보였다. 새로 즉위한 여왕에게 판사 대표단이 인사를 하러 오자 엘리자베스는 이렇게 말했다.

"내 백성들을 잘 돌봐주세요. 그들은 내 사람들입니다. 그들을 돌보는 것이 내 의무입니다."

갑자기 부유해지거나 높은 자리에 올라간 사람들이 다른 사람들을 무시하면서 물의를 일으키는 경우를 보았을 거다. 높은 지위에 오른 사람은 다른 사람들이 지켜보고 있다는 사실을 잊지 말아야 한다.

높은 지위에 오르고 싶다면 우선 말조심부터 해야 한다. 언론을 통해 가끔 정치인이나 경제지도층의 잘못된 언행을 목격하곤 한다. 때로는 그들이 사과한 것으로 끝나지 않고 정치적 생명에 치명상을 입거나 경제적 리더의 자리에서 물러나야 하는 일도 있다. 높은 자리에 올라 사람들을 이끌고 싶다면 우선 나 자신을 낮추고 사람들에게 관심을 보여야 한다.

내가 지도자가 되어 사람들을 이끌어야 한다고 치자. 그렇다면 내가 이끄는 사람들이 알아들을 수 있는 말과 주제를 적절히 찾아 내야 한다.

1556년 8월에 엘리자베스 1세가 케임브리지의 세인트 존 칼리지를 찾았다. 떠나기 직전 여왕은 몸소 작성한 라틴어 연설로 학문이 번영하기를 바라마지 않는다고 강조하여 큰 박수를 받았다. 의도적으로 그 지식인들의 언어, 즉 라틴어로 연설을 함으로써 리더십을 발휘한 것이다. 그녀가 출발한 뒤에도 학생들과 대학 관계자들이 도시 바깥으로 3킬로미터나 열을 지어 따라왔다. 앤서니 우드라는 학자는 이렇게 회상했다.

"여왕의 상냥하고 정중하고 고귀한 몸가짐은 청중의 가슴 속에 깊은 인상을 남겼고, 학자들의 경쟁심을 더욱 부추겼다."

16세기는 여성이 남성보다 열등한 존재로 여겨지는 시대였다. 아무리 여왕이라고는 하지만 지성의 공간이라는 대학에서 여성이 연설을 한다는 사실을 불만스러워하는 사람도 존재했을 거다. 이를 염두에 두었을까? 엘리자베스 1세는 여봐란듯이 당시 지성인들이 쓰는 언어인 라틴어로 연설을 했다. 그녀는 대학의 관계자들과 눈높이를 맞춘 거다.

엘리자베스 1세는 백성들에게 자신이 하는 행동을 납득시키기 위해 각종 책자며 성명서를 활용하는 한편 연설문에 무척 공을 들였다고 한다. 연설문은 대부분 손수 작성했다고 한다. 엘리자베스 1세는 타고난 웅변가이자 쇼맨십의 대가였다. 사전 준비 없이 즉흥적으로 달변을 쏟아냈으며 청중을 마음대로 쥐락펴락할 줄 알았다. 한번은 의회에서 "군주가 직접 생각해낸 말이 듣는 이의 기억에 더 확실히 각인됩니다"라고 말한 적도 있다.

엘리자베스 1세가 자신을 알리기 위해 책을 이용한 적이 있다는 사실에 주목하자. 책은 자신을 알리는 훌륭한 수단이다. 정치인들이 선거가 다가올 때면 책을 내는 것을 생각해봐야 한다.

영부인이었다가 국무장관이 된 힐러리 로뎀 클린턴은 여러 책을 써서 자신의 의견을 널리 알렸고, 책이 많이 팔리면서 경제적 이익도 얻었다.

리더가 되고 싶은가? 그렇다면 나의 의견을 분명히 천명하자. 사람들은 각자 자기 입맛대로 다른 사람이 한 말을 해석하곤 한다. 그렇게 되면 내가 낸 의견이 사람들에게 잘못 전달될 수 있다. 그래서 상대에게 눈높이를 맞추고 이야기해야 할 필요가 있는 거다. 그들이 무엇을 원하는지 직접 의사소통할 수 있다면 그 기회를 놓치지 않아야 한다.

엘리자베스 1세는 잉글랜드를 다스리는 통치자였다. 만약 다른 이였다면 강압적이고 자기 중심적인 통치방식을 고수하면서 "내가 명령하면 신민들은 따라야 한다"고 주장했을 거다.

엘리자베스 1세가 사망하고 스코틀랜드를 다스리던 제임스 6세가 새로운 잉글랜드 국왕이 되었다. 그는 엘리자베스 1세와는 달리 의회와 자주 충돌했다. 잉글랜드를 잘 알지도 못하고, 왕권은 신이 내린 것이기에 사람들은 왕이 내린 명령에 무조건 따라야 한다는 왕권신수설을 믿는 사람이었다.

의회와 자주 충돌하면서 자연스럽게 왕의 권위는 떨어졌고, 잉글랜드 국민들에게 사랑을 받지도 못했다. 혹자는 "남자의 뒤를 이어 여자가 왕이 됐다"라는 말을 하기도 했다 한다.

엘리자베스 1세가 먼저 왕위에 오르고 그 뒤를 이어 제임스 1세가 왕위에 올랐지만, 제임스 1세에게 실망한 국민들은 그를 여왕보다 못하다고 불평한 것이다.

CHAPTER 6

생각을 이노베이션하다
_ 마음가짐 *Mind*

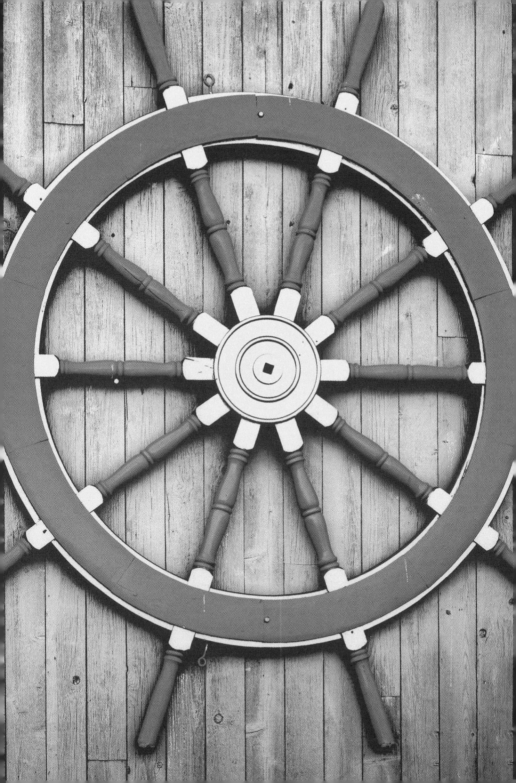

01

나만의 무대,
꿈은
이루어진다!

한 기자가 영화배우 모건 프리먼에게 "누군가 당신을 깜둥이라고 욕한다면 당신은 어떻게 하겠습니까?"라고 물었다. 그러자 모건 프리먼은 웃으면서 다음과 같이 답했다.

　"그건 무례한 그 사람의 문제이지, 내 문제는 아닙니다. 누군가 나에게 준 것을 내가 받지 않으면 주인에게 다시 되돌아가게 됩니다. 비난도 그렇습니다. 받지 않으면 내 것이 아닙니다."

　뮤지컬 작가가 될 거라는 나의 비전에 반대 혹은 조롱할 사람이 세상 어딘가에는 분명 있을 거다. 내가 할 수 있는 건 아무런 반론도 하지 않고, 그저 내 갈 길을 묵묵히 가며 보여주면 된다.

　사람들은 남과 똑같이 행동하려고 한다. 좀 특이한 옷을 입었다면 사람들이 자꾸 자신을 쳐다보는 건 아닌지 불편해한다. 그러다 자신과 비슷한 옷을 입은 사람 몇이 보이면 그제야 안심한다.

　역사에서 주목할 만한 업적을 남긴 사람은 모두 다른 사람들과 다르게 행동했다. 자신의 이론이 옳다는 것을 증명하기 위해 비난받는 것을 두려워하지 않았다. 그러니 나 자신이 무엇으로 다른 사람과 다르다는 것을 증명할 수 있을지 생각해보자.

스스로 노력해서 부자가 된 사람들에게는 특별한 성공 비결, 다시 말해 사람들이 감동할 만한 사연이 있다. 부잣집에서 태어나 명문대에 진학하고 유학까지 다녀와서 승승장구하는 사람들에게는 감동을 얻기가 힘들다. 그럴 만한 조건에 힘입었으니까. 그런 것에는 당연히 눈을 사로잡는 인생의 드라마가 없다. 사람들이 좋아하는 이야기는 결핍의 환경 속에서도 성공을 거둔 사람들의 인생 역경 스토리다. 거기에 진짜 인생 드라마가 있다.

유감스럽게도 우리나라에서 상류층으로 올라갈 수 있는 길이 점점 좁아지고 있다. 한국 보건사회연구원이 지난 2월 발표한 〈한국복지패널 심층 분석 보고서〉를 보면 저소득층에서 벗어나 일시적으로라도 중산층의 최하 소득 기준선(중위 소득 50퍼센트 이상) 위로 올라갈 확률인 '빈곤 탈출율'이 2006년~2009년 35.4퍼센트에서 31.3퍼센트로 4.1퍼센트 떨어졌다.

통계청이 〈2011년 사회조사〉 결과를 보면 '평생을 노력해도 사회 경제적 지위가 높아질 가능성이 낮다'고 응답한 중산층 비율이 56.3퍼센트로 2년 만에 약 13퍼센트 상승했다. 자녀 세대의 계층 상승 가능성에 부정적인 반응을 보인 중산층 비율도 41.2퍼센트로 약 14퍼센트 상승했다.

많은 사람이 스스로 서민이라고 생각하며 부자가 될 가능성이 낮다고 생각한다. 젊은이들에게는 자신이 상류층이 될 가능성을 둘째 치고 우선 취업을 하여 대학 다닐 때 생긴 빚을 갚는 게 우선일지도 모른다.

많은 젊은이가 스펙이 좋아야지만 원하는 곳에 취직할 수 있다고 생각한다. 스펙을 쌓는 경쟁이 치열한 것도 이 때문이다. 스펙이 무엇인가? 명문대 학벌, 높은 외국어 시험 점수, 어학연수 경험, 공모전 입상, 대기업 인턴 경험 등이다. 그래서 어떤 대학생은 대기업 인턴이 되기 위해 졸업마저 미룬다고 한다.

사람들은 멋진 성공 스토리를 꿈꾼다. 문제는 그 이야기를 듣는 것을 좋아하며 대리 만족에 그칠 뿐, 자신이 그 이야기의 주인공이 될 가능성에 대해서는 부정적이라는 점이다.

명문가에 태어나 어려움 없이 명문대를 졸업하고 대기업에서 승승장구하는 사람들을 일반 대중은 부러워하긴 하지만 좋아하지는 않는다. 한 언론기관이 여론조사를 한 결과 부자에게 호감을 느끼지 않는다고 한 사람이 33.6퍼센트였다고 한다. 또한 부자를 존경하지 않는다는 비율이 82.8퍼센트였다.

스스로 부자가 될 가능성이 없다고 생각하면서 부자를 좋아하지도 않는 사람들……. 물론 부자의 부정적인 이미지는 부도덕적인 방법으로 부를 축적하는 사람들로 인한 것도 한몫했을 거다. 뉴스에 나오는 부자들이 세금을 탈루하거나 비자금을 조성했다는 혐의로 재판을 받는 경우가 많다. 그리고 얼마 지나지 않아 갑자기 환자가 되어 휠체어를 타고 법원을 오가거나 형집행정지를 받아낸다.

얼마 전 한 기업 회장의 아내가 살인교사 혐의로 감옥에 갇혀 있어야 하는 형편인데도 형집행정지를 받아 호화롭게 살고 있다는 소식에 많은 사람이 분노했다. 이런 사례들은 그냥 생각도 하지 말고 쓰레기통에 처박아버리자. 부자에 대한 부정적인 이미지는 사회의 부조리와 질투심을 유발할 뿐 내 인생에 아무런 도움이 안 될 테니까.

다만, 부자가 되고 싶다면 어떤 부자가 되고 싶은지 비전을 세워야 한다. 무슨 일을 해서 부자가 되고 싶은지 자세히 그 갈 길을 정해야 한다. 부자가 된다면 어떤 차를 타고 다닐지, 어떤 동네에서 살고 싶은지도 구체적으로 정해보자.

부자가 되고 싶다고 결심한 이유는 뭔가? 부자는 최소한 얼마를 소유하고 있어야 한다고 생각하는가? 종이와 펜을 꺼내 부자가 되기 위한 그 바람의 수준을 규정해보자.

그다음, 마땅히 해야 할 일은 그 꿈을 이루기 위해 실제적으로 실행해 나아가는 거다. 나만의 무대에서 꿈을 이루는 거다.

위대한 성공을 거둔 사람들의 공통적인 성공 비결은 '1만 시간의 반복된 훈련'이라고 한다. 이 시간은 어떤 분야에서 최고가 되기 위해 필요한 절대 시간이다. 1만 시간은 하루 3시간씩 10년을 보내야 하는 시간이다.

어떤 일을 할 때 자신만의 고유한 그 무엇이 있어야 한다. 하는 일에 숙달되고 자기만의 색깔을 가지기 위해 걸리는 시간이 10년이다. 지독히 노력하고 열중하고 반복해서 훈련한다면 성공할 수 있다. 10년 동안 수련할 무엇인가가 있는가?

많은 20대가 대기업에 취직하기를 바란다. 월급이 많고 복지가 잘되어 있기 때문이다. 하지만 대기업에 들어간 한 개인이 과연 자신의 능력을 100퍼센트 발휘할 수 있을까? 아무리 똑똑하고 남다른 재주가 있더라도, 대기업에 들어간 순간 거대한 기계 속의 작은 부속품 같은 존재가 된다는 생각은 안 드는가? 물론 오해하진 말길 바란다. 대기업에 들어가는 것이 무조건 나쁘다고 말하는 건 아니다. 내가 문제 삼는 건 남들 하는 대로 무작정 목을 매는 경우이니까.

누구나 자신의 꿈이 이루어지는 꿈의 무대를 꿈꾼다. 하지만 자신이 직접 만들려고 하지는 않는다. 남이 만들어준 무대에서 주인공이 되기를 더 좋아한다. 이건 사실, 날도둑 심보다. 우리는 세상에 단 하나뿐인 존재라는 사실을 기억하자. 자신만의 무대를 만들어서 주인공이 되는 일은 거칠고 때론 힘든 일이겠지만, 그럼에도 한번 시도할 만한 일이다.

자, 이제 시도할 준비가 되었는가? 지금부터 나만의 무대를 세팅하자. 스토리를 만들고 동선을 짜고 조명을 설치하자. 사람들이 관람할 그날의 나를 위해 발성 연습부터 크게 시작해보자.

"꿈은 이루어진다!"

02

잘살까, 잘 살까?
어쨌든 꿈은
나를 배신하지
않는다

사람이라면 누구나 잘살거나 잘 살기를 꿈꾼다. 이 '잘'이라는 부사가 '살다'에 붙느냐 떨어지느냐에 따라 의미는 확연히 달라질 거다. 어떤가? 경제적으로 부유한 삶을 살길 바라는가, 아니면 내 의도한 바대로 인생을 제대로 살길 바라는가?

지금 자신이 바라는 대로 인생을 살고 있는가? 사람들은 자신이 하고 싶은 일을 하지 못할 때 변명을 한다. 이를테면 돈이 부족했다거나 다른 사람이 반대했다는 이유로 자신이 원하는 삶을 살지 못하고 있다는 핑계를 대기 일쑤다. 이런 이들에게 필요한 건 브레히트가 한 말일 거다.

"당신 스스로 하지 않으면 아무도 당신 운명을 개선해주지 않을 것이다."

당연한 말이다.

거듭 질문한다. 20대인 지금, 가장 이루고 싶은 꿈은 무엇인가? 대학입시 원서를 쓸 때 점수에 맞춰 갔지만 진심으로 공부하고 싶었던 분야에 미련을 두고 있지는 않은가?

나는 지금까지 딱히 성공하지 못했다. 적어도 스물아홉 살인 지금까지 말이다. 하지만 그렇다고 결코 낙심하지 않는다.

오늘날은 평균수명이 여든 살인 시대다. 그 긴 인생을 앞에 놓고 지레 낙심하는 건 정말 어이없는 일이다. 창창한 인생, 내 인생 될 때까지 가야 할 길 가면 될 뿐이다.

물론 이런 마음을 먹기까지 나는 무던히도 방황했다. 이 책을 읽는 20대들이 나 같은 헛된 방황은 하지 않았으면 한다. 사실, 나는 내 꿈을 확실히 자신 있게 이야기할 기회가 없었다. 내가 뭘 바라는 지도 몰랐으니까. 목표 직업이라고 해봐야 부모님이 권한 9급 공무원이 전부였다. 그러나 앞서 수차례 밝혔다시피 나의 꿈은 확실히 서 있다.

어른이 되었다는 건 단지 부모님과 떨어져 살 수 있다는 말만으로는 설명이 부족하다. 어른이 되었다는 건 스스로 꾸는 꿈을 지키며 살 수 있다는 말이다.

인생에서 어떤 키워드를 가지고 살아갈 것인가? 나만의 인생이라는 무대에서 어떤 주제로 삶이라는 연극을 공연할 것인가? 인간 수명이 80세라고 가정하면, 20대는 겨우 4분의 1, 즉 25퍼센트밖에 살지 않았다. 다시 밝히지만 내 인생의 키워드는 뮤지컬, 감동, 책이다.

『종이 위의 기적, 쓰면 이루어진다』를 쓴 헨리에트 앤 클라우저는 원하는 일을 실제 일어났다고 생각하고 글을 쓰면 이루어진다고 했다. 이건 나도 현실로 겪은 일이다. 초고를 완성하고 출판사에서 내일까지 연락이 오게 해달라고 노트에 썼다. 그랬더니 다음 날 정말로 출판사에서 연락이 왔다. 나는 계속해서 꿈의 기적을 이루어 갈 거다.

유대인이라는 이유로 아우슈비츠 수용소에 갇혔고 가족들을 잃은 빅터 프랭클은 이렇게 말했다.

"우리에게 필요한 것은 아무런 긴장도 없는 안락한 상태가 아니라, 스스로 선택한 가치 있는 목적을 위해 애쓰고 노력하는 것이다."

간절하게 바라는 일이 있다면 그 일을 하기 위해 어떤 일을 먼저 해야 할까? 간절히 바라는 일이 있다면 먼저 필요 없는 것부터 과감히 버려 단순한 구조로 만들어야 한다. 오랫동안 치우지 않아서 어질러질 대로 어질러진 방을 치우기 위해서는 쓸데없는 것부터 버려야 한다. 방 청소가 끝나고 쓰레기통에 가득 담긴 쓰레기를 보면 얼마나 필요 없는 것을 안고 살았는지 반성하게 될 거다.

지금 바쁘다고 생각하는가? 무슨 일 때문에 바쁘게 사는가? 하고 싶은 일로 인해 바쁘다면 정말 행복하다고 할 수 있다. 다른 사람의 요구를 충족시키기 위해 바쁘게 뛰어다니고 있다면? 분명 문제다. 그렇다면 속히 지금의 인생 궤도를 수정해야 한다.

20대에게 가장 중요한 일은 무엇일까? 취업이 지상 명령이 되어 버린 요즘이다. 취업 준비생들에게 앞으로 어떻게 살아가야 할지 방향을 잡아야 한다고 말한다면, 그들은 무슨 뜬구름 잡는 소리 혹은 배부른 소리냐며 핀잔할지도 모른다.

다른 누구도 아닌 나 자신이 바라는 삶을 살아야 한다. 내가 바라는 것이 무엇인지 알지 못하고 다른 사람의 소망을 들어주기 위해 살아간다면 그 인생은 참으로 피곤해질 거다.

그토록 갈망하는 꿈의 실현이 10년 혹은 20년, 아니면 그 이상 걸릴지도 모른다. 그럼에도 한 번 사는 인생, 할 수 있는 한 계속 붙잡아야 한다.

꿈을 향해 나아가지 못한다면 그 이유란? 부모님이 반대하셔서, 돈이 없어서, 사람들이 비웃을까 봐……. 그 밖에 많은 이유들이 있을 거다. 이런 갖가지 이유를 극복하는 단 한 가지 방법은 스스로를 믿고 과감히 행동하는 거다.

나는 바라는 게 참 많다. 해외여행, 소설 쓰기, 춤 배우기, 외국어 공부하기 등등……. 그것들 중 하나라도 지금껏 제대로 이루지 못한 이유는 하나다. 그 일들을 이루는 데 필요한 대가를 치르지 않았기 때문이다.

나는 요즘 최대한 간결하게 살고 있다. 내 머릿속에는 한 가지 생각뿐이다.

'내가 하는 이 일이 내 꿈에 도움이 되는가, 그렇지 않은가?'

꿈이 밥 먹여 주느냐고 무시하는 사람도 있을 거다. 나는 자신 있게 말할 수 있다. 꿈은 밥을 먹여준다. 이 책만 해도 그렇다. 꿈을 꾸며 글을 썼기에 이 책이 나올 수 있었고 이 책의 원고료가 나의 밥이 될 테니까.

이 책을 읽는 20대에게 나는 간절히 바란다. 지금 마음속의 원하는 꿈을 정확히 파악하고, 그 꿈을 이루기 위해 과감히 행동에 들어갔으면 좋겠다.

꿈이 밥 먹여주냐며 꿈꾸는 사람들을 비웃는 이들은 생활방식이 퇴적층처럼 굳어진 사람이다. 그러니 그런 사람들은 신경 쓰지 말자. 그들이 사는 방식과 꿈꾸는 사람들이 사는 방식은 어차피 다르다.

꿈을 꾸는 데 방해가 되는 좌절, 막막한 기분 따위의 불청객은 어떻게 해결해야 할까? 이런 때는 나 자신이 진정으로 원하는 것이 구체적으로 무엇인지, 다른 사람들은 어떤 과정을 밟았는지, 나에게는 어떤 길이 가장 맞는지, 최선의 상황과 최악의 상황은 무엇인지 알아보자.

10대 시절 수능을 공부한 것보다, 지금 다른 사람이 하는 말에 이끌려 20대에 공무원 시험을 준비하는 것보다, 더 치열하게 공부해야 하는 것은 바로 나 자신이 무엇을 가장 원하고 있는지 찾아내는 것, 나를 정확히 알아내는 거다.

사실, 나는 공무원이 내 적성에 맞는다는 말을 참 많이 들었다. 심지어 내 사주팔자까지 들이대면서 공무원을 할 팔자라는 사람까지 있었다. 하지만 나처럼 성질 급하고 다혈질인 사람이 공무원이 되면 절대로 국민을 위해 봉사할 수 없을 거다.

나는 이 책을 쓰는 지금 정말 행복하다. 꿈을 이루어가는 과정은 정말이지 행복한 거다. 이 기분을 꼭 느껴보길 바란다.

진정으로 원하는 일이 무엇인지 거듭 생각해보자. 그리고 그 꿈을 축으로 최대한 단순하게 살아가자. 내가 하는 행동이 꿈을 이루는 데 도움이 되는지 안 되는지만 생각하면서 살아가길 바란다. 그렇게 살면 꿈이 현실로 다가가는 시그널, 기쁨이 가슴속에서 요동칠 거다. 물론 머지않아 꿈을 이루면서 말이다.

비 전 영 향 평 가 서

■ 내가 품고 있는 비전이 무엇인가?

■ 비전이 실현된다면 내 인생이 얼마나 달라질 것인가?

03

'만약'이라는
마약,
딱 끊어볼까?

앞서 말했듯 나는 중학교 시절, '절대 평범해지지 않겠다'고 일기에 쓴 적이 있다. 이는 어쩌면 끝없이 현실적으로 생각하고 행동하라는 어른들의 말씀에 반발해서 쓴 것인지도 모른다. 어쨌든 나는 지금 그 꿈을 이루기 위해 행동하고 있다. 그러면서 20대 내내 우울했던 나를 조금씩 바꿔가고 있다.

꿈을 이루지 못한 사람들이 즐겨 하는 말이 있다.

"만약 ~했더라면 꿈을 이룰 수 있었을 텐데."

"만약 ~하지 않았다면 지금보다 상황이 나아졌을 텐데."

많은 이가 습관처럼 만약이 들어간 가정법을 자주 쓴다. 자신이 꿈을 이루지 못한 사실에 만약이라는 핑계를 대고 있는 거다. 사실, '만약'이라는 단어는 마약보다 더 위험하고 중독성 있는 단어가 아닐까 싶다.

가정법을 쓰면서 꿈을 이룬다면 어떨지 끝없이 생각하지만 정작 행동은 하지 않는다. 여전히 꿈을 이루기 위해 해야 할 일을 하지 않고, 상상만 하며 시간을 흘려버리는 거다. 문제는 그 상상조차도 부정적 생각의 편에 서서 한다.

우리가 어릴 때 어른들은 "너는 너무 어려! 나중에 크면 해!"라고 말씀하셨다. 그것이 어떤 꿈이든 성인이 되면 그 일을 하게 되었을까? 도리어 나이 탓만 하며 이럴 거다.

"그 꿈을 이루기엔 난 너무 나이가 많아."

나이는 꿈을 이루지 못한 이유에 가장 많이 쓰이는 십팔번 레퍼토리다. 꿈을 이루기 위해 행동하기엔 너무 어리다거나 너무 나이가 들었다는 핑계를 대는 사람들, 혹은 내가 그 일을 이루고 나면 몇 살이 되어 있을지 아느냐고 자기 꿈도 아니면서 따지는 사람들…….

그런 사람들은 꿈을 이루기 싫은 인물들이다. 정확히 말하자면 꿈을 이루고는 싶은데 그 꿈을 이루기 위해서 대가를 치르기는 싫은 인물들이다.

'말을 물가로 데려갈 수는 있지만, 말에게 물을 먹일 수 없다'는 말이 있다. 지금 '만약'이라는 단어를 계속 쓰고 있다면 어떤 기가 막힌 자기계발서 혹은 그걸 쓴 저자도 꿈을 이루는 데 도움을 주지 못할 거다.

행동하기에 앞서 생각하는 일은 물론 중요하다. 아무런 계획도 없이 무작정 꿈을 향해 달려가다가는 갑자기 튀어나온 변수에 제대로 대응하지 못할 테니까.

2008년에 워킹홀리데이 비자를 받아 호주로 간 일화를 다시 소개한다.

그때 나는 호주 현지 농장에서 일하면 돈을 벌 수 있을 것이라고 생각했고, 그걸로 무엇이 되었든 타국에서 뭔가 이룰 수 있을 것이라 판단했다. 무엇보다 한국에서 아무것도 이룰 수 없는 현실에 빠져 당시 나는 너무도 지쳐 있었다.

그런데 내 예상과는 많은 부분이 너무 달랐다. 호주에서 농장일을 하는 건 생각보다 쉽지 않았다. 책만 읽고 운동을 거의 하지 않았던 탓에 체력이 약했고, 거기다 영어도 제대로 못하는 비실비실한 한국 여자아이라니……. 내가 호주 농장 주인이라도 당시의 나 같은 아이라면 믿고 일을 맡길 수 없었을 거다.

하나 더, 나에게 들이닥친 또 다른 변수는 지독한 향수병이었다. 결국 나는 두 달 만에 한국으로 돌아왔다. 준비 없이 무작정 달려갔던 호주는 내게 큰 아쉬움을 남겼다. 지금 워킹홀리데이 비자를 받는다면 나는 워킹홀리데이 관련 책을 세 권 이상 읽고, 영어 회화책 한 권을 아예 외워서 갈 거다.

이런 차원에서 이루고 싶은 꿈이 있다면 행동하기 전에 일단 생각해보라고 권하고 싶다. 바라는 꿈이 나 스스로가 정한 것인지, 아니면 다른 사람이 이룬 성공을 보고 정한 것인지도 따져보자. 특히 다른 사람이 권유한 것을 별 생각 없이 따르는 것이라면 처음부터 다시 시작하길 바란다.

꿈을 이루기 위해서는 반드시 대가를 치러야 한다. 예를 들어 몸무게를 줄이고 싶다면 그동안 즐겼던 고칼로리 음식을 멀리해야 한다. 운동을 하기 위해 시간과 열성을 단호히 투자해야 한다.

지금 꾸는 꿈이 무엇이든 주인은 나다. 그렇기에 그 꿈을 적극적으로 지켜 고수해야 한다. 꿈을 이루고자 시도할 때 많은 사람이 주변에서 비웃고 방해할 테지만 꿋꿋하게 버텨낼 끈기도 키워야 한다.

그리스 신화에 오디세우스라는 인물이 있다. 10년 동안 전쟁터에 있다가 고향으로 돌아가기 위해 항해했을 때 사이렌이라는 마녀와 마주쳤다. 사이렌은 노래를 불러서 항해자들을 유혹해 배를 난파시키는 마녀다. 오디세우스는 사이렌이 부르는 노래 소리가 들리지 않도록 부하들의 귀를 막도록 지시했고, 무사히 그곳을 빠져나

올 수 있었다.

꿈을 이루어 나아가는 데 이를 방해하는 사이렌의 소리 같은 말들이 분명히 있을 거다. 그 소리에 휘둘리지 말자. 어떻게? 오디세우스처럼 그냥 귀를 막고 무시하면 된다.

'만약'이라는 마약 중에서 가장 중독성이 있는 것은 '만약 지금 돈이 있다면'이다. 돈이 없어서 꿈을 못 이룬다고 핑계를 대는 것은 얼핏 보기에 합리적으로 보인다. 이 자본주의 사회에서는 돈이 없으면 하다못해 외출조차도 어려우니까.

『드림 레시피』를 쓴 김수영 작가는 돈을 좇아 살 것인지, 돈이 나를 따라오게 할 것인지 생각하라고 했다. 그녀는 '자신이 하고 싶은 일을 하다 보면 돈이 따라온다'고 말하며 꿈을 이루기 위해 지금 행동할 것을 시종일관 강권한다.

돈은 중요하다. 돈을 벌 수 있다는 것은 사회에서 나름대로 역할을 할 수 있다는 의미다. 적선 외에 공짜로 돈을 주는 경우는 없으니까 말이다.

꿈을 이루는 데 돈이 문제가 된다면 최대한 돈을 벌 만한 방법을 찾아보자. 투잡을 하든 스리잡을 하든 돈이 벌릴 수 있다면 체력이 허락하는 한 일을 해보는 거다. 단, 경찰서 갈 일은 하지 말기!

꿈을 외면한다면 이미 꿈을 이룬 사람들을 만나는 일은 정말 고통스러울 거다. 그 순간 외면해온 꿈이 내 안에서 요동을 칠 테니

말이다.

'저 사람들은 하고 싶은 일을 하고 있잖아? 너는 도대체 뭐하는데?'

이런 자괴감만큼이나 스스로를 고통스럽게 하는 것도 없다.

나의 굵직한 꿈 중 하나인 뮤지컬 작가! 사람들이 알면 말도 안 된다고 할 것을 나는 알고 있다. 뮤지컬 작가라는 내 꿈은 내 주변 사람들이 생각하기에 허무맹랑한 꿈일지도 모른다. 내게 그런 능력이 없다고 보았기 때문이다.

꿈을 이야기할 때 빼놓을 수 없는 것 중 하나가 '재능'이다. 사람들은 "재능이 없으니까 하지 말라"고 말하지만 성공한 사람들은 뭐라고 하는가?

"나는 재능보다는 부단한 노력으로 이 자리에 올랐다!"

"나는 재능이 부족해서 더 기를 쓰고 노력할 수밖에 없었다!"

성공하지 못한 사람 말을 들을 것인가, 성공한 사람의 말을 들을 것인가? 꿈을 외면하고 있다면 그건 내가 걷는 인생길마다 지뢰를 묻어두는 일이나 다름없다. 인생길을 걸으면서 만나는 사람들, 특히 내 꿈과 일맥상통하는 사람과 만나면 외면했던 꿈은 즉시 폭발하면서 스스로를 혼란스럽게 할 거다.

누구도 인생길을 걸어보지 않는 한 그 결과를 정확히 예측할 수 없다. 그러니 포기하지 말자. 그 꿈을 이룰 수 없다면 눈을 감을 수 없다고 생각하는가? 그렇다면 더욱더 치열하게 싸워야 한다. 사람들은 과정보다는 결과에 박수를 보낸다. 내가 승리하는 방법은 내가 꾸고 있는 꿈을 이루는 거다.

　필요하다면 나를 방해하는 것 모두를 걷어차자. 더 이상 '만약 ~ 하다면'이라는 말로 스스로를 속이지 말자. 성공한 사람들은 성질이 급하다고 한다. 그들은 남들이 필요 이상으로 생각할 때 과감히 행동한다. 지금 해야 할 일은 꿈을 이루기 위해서 어떤 일을 해야 하며 어떤 일을 하지 말아야 할지를 판단하고 지금부터 해야 할 일을 하나하나 해내는 거다.

　이제 '만약'이라는 마약을 딱 끊자. 할 수 있다고 생각한다면 지체하지 말고 돌진하자. 그러면 어느새 그토록 갈망하는 꿈의 실현에 한 걸음 더 다가간 나 자신을 볼 수 있을 것이다.

04

나에게 거는
최면,
레드선!

어린 시절 행복했다고 할 수 없는 오프라 윈프리. 14세에 미혼모가 되었다가 얼마 되지 않아 아이가 사망하는 일을 겪기도 했던 그녀는 다음과 같은 말을 했다.

"미래를 바라보았습니다. 너무 눈부셔서 눈을 뜰 수가 없었어요."

이 말을 처음 들었을 때, 나는 그녀가 어떤 미래를 바라보았기에 그런 말을 할 수 있었는지 궁금했다. 하지만 지금은 그녀가 한 말을 조금은 이해할 수 있다.

내 꿈이 이루어졌다고 생각하면 저절로 웃음이 나온다. 내가 쓴 원고가 출판되어 나오고, 그다음에는 내가 쓴 소설이 사람들의 마음을 사로잡을 것을 생각하니 무척이나 행복해진다.

살면서 가장 중요하게 여기는 우선순위는 무엇인가? 나는 이 원고를 집필하는 동안, 무사히 책으로 나올 수 있도록 내가 할 수 있는 일을 모두 하기로 결심했다. 사람 만나는 것도 피하고, 아침에 일어나면 원고부터 생각했다. 내 뇌는 지극히 단순해져 이 일이 원고 쓰는 데 도움이 되는가, 되지 않는가만 생각했다. 만약 원고 쓰는 일에 도움이 되지 않는 일이라면 단호히 피했다. 책 쓰는 데 도움이 될 만한 책도 여러 권 읽었다. 그렇게 노력한 만큼 원고는 차근차근 완성되어갔다. 내 원고가 가치가 있는지 없는지는 출판사 관계자들이 판단할 문제이긴 하지만, 적어도 원고를 쓰는 동안 내가 쓰는 원고는 세상에서 가장 귀중한 보물이나 다름없었다.

조금만 힘들어도 그만두는 사람이 있다. 어떤 일을 잘하기 위해서나 문제를 해결하기 위해서는 열심히 노력해야 하고, 그럼에도 그동안 들인 노력보다 결과가 나오지 않는 시기가 있다. 내가 원고를 쓸 때도 그랬다. 내 생각으로는 굉장한 내용이 나올 것 같은데 막상 그것을 글로 써 내려가려니 좀처럼 실마리가 풀리지 않았다. 이런 때를 슬럼프라고 부르는 것 아닌가 하는 생각도 들었다. 다른 때 같았으면 포기했겠지만, 나는 이를 악물고 버텼다. 다른 책을 읽으면서 내 머릿속의 생각을, 각 꼭지의 화두를 정리했다. 그러다 보니 다시 원하는 만큼의 글이 나오기 시작했다.

내가 그렇게 버틴 이유는 단순하다. 실패하기 싫었기 때문이다. 예전에 소설을 쓴 적이 있는데 지금 생각하면 정말 형편없는 내용에 완성도 또한 낮았다. 무슨 무모함으로 그런 짓을 했는지 지금 생각하면 의문이지만 그 원고를 출판사로 보냈다. 다행히도(?) 출판사에서는 아무런 연락이 오지 않았다.

내 두 번째 원고는 반쯤 정신없이 쓴 원고였다. 하지만 그 원고에 담긴 노력만큼은 소설 원고보다 나았다. 출판사에서 연락이 오긴 했다. 거절 통보였긴 했지만……. 출판사 측은 트렌드에 맞지 않는다고 했다. 어느 출판사 대표가 전화로 조금만 더 노력한다면 훌륭한 책을 쓸 수 있을 것이라고 말한 게 유일한 위안이었다.

현재 지독한 불황이라고 말한다. 가계의 빚도 엄청나다고 한다. 텔레비전 뉴스와 신문에서는 온통 어두운 소식만 전한다.

나는 텔레비전을 하루 30분가량만 보았다. 드라마는 아예 보지 않았고, 그나마 뉴스만 보았다. 그러다가 어느 순간 뉴스도 보지 않는 게 낫겠다는 생각이 들었다. 사람도 거의 만나지 않고 원고 쓰는데 집중한 나는 비교적 시간을 알차게 소비했다고 생각한다.

성공한 사람일수록 인생은 간결하다. 잘나가는 음식점은 또 어떤가. 메뉴라고 해봐야 몇 가지 없다. 손님이 별로 없는 음식점일수록 이 메뉴, 저 메뉴 자꾸 늘어만 간다. 새로운 메뉴로 조금이라도 사람을 끌기 위해서다.

성공하려면 하나에 집중해야 한다. 단순하게 사는 것, 내가 이 책을 집필하면서 터득한 거다.

"Simple is the best!"

거듭 말하지만 나는 이 책을 집필하는 동안 정말이지 간결하게 살았다.

얼마 전에 나의 롤모델이라고 할 수 있는 유명 작가의 강연회에 참석했다. 내가 꿈꾸는 인생을 살고 있는, 그래서 꼭 만나고 싶은 작가였기에 그분이 쓰신 책 여덟 권을 가지고 가서 전부 사인을 받았다. 그러면서 나는 상상한다. 나 역시 내가 집필한 책에 사인을 해달라고 하는 사람과 마주하길 꿈꾸는 거다.

내가 정말 좋아하는 작가가 있다. 바로 센다 다쿠야다. 그는, 성공한 사람은 언제나 혼자 있는 것에 익숙하다고 말한다. 성공한 사람은 단지 혼자서 행동하는 것일 뿐, 믿을 수 있는 친구들이 있고, 그래서 항상 당당하게 혼자서 행동할 수 있다고 이야기한다.

그는 무리지어 있으면 독서는 불가능하다고 말한다. 비슷한 직책이고 비슷한 연봉을 받으며 비슷한 처지에서 비슷한 생각과 비슷한 고민을 하는 사람끼리는 아무리 모여 있어도 서로 배우지 못한다고 충고한다.

유유상종이라는 말이 있다. 지금 어떤 사람들과 어울리고 있는가? 혼자 행동해도 다른 사람이 만나고 싶은 사람이 될 것인가, 아니면 여럿이서 뭉쳐 다니지만 실속 없는 사람이 될 것인가?

사람과 어울리지 못하면 인생에 의미가 없다고 생각한다면, 성공하기 바라는 분야에서 이미 성공한 사람을 만나도록 노력하자. 30대 나이에 100권이 넘는 책을 집필한 김태광 작가. 그는 내가 꿈을 이루는 과정에서 만난 큰 행운과 같은 존재다.

분명 끼리끼리 어울리게 되어 있다. 매일 만나는 사람과 하는 이야기가 연예인 이야기나 드라마 이야기뿐이라면 성공은 여전히 요원할 거다.

성공하는 방법은 사실 단순하다.

첫째, 어느 분야에서 성공을 거둘 것인지 생각한다.

둘째, 그 분야에서 어떤 일을 해야 성공할 것인지 생각한다. 또한 그 성공이 구체적으로 어떤 모습인지 상상한다.

셋째, 단순하게 생활한다. 성공하는 데 필요한 습관만 취하고 도움이 되지 않는 습관은 과감히 쳐낸다.

넷째, 끝까지 한다. 실패할지라도 중도 포기하지 않고 끝까지 도전한다.

스타 토익 강사 유수연 작가는 누구나 자신이 좋아하는 일 정도는 얼마든지 지속적으로 할 수 있다고 말한다. 하지만 거기까지! 진짜 끈기 있는 사람은 그 일에 싫증이 난 뒤에도, 실패와 좌절을 몇 번이고 겪은 뒤에도, 처음 가졌던 희망이나 환상이 없어져도 계속 그 일을 할 수 있는 사람이라고 말한다.

그녀는 한 분야에서 인정받는 전문가는 단지 몇 가지 잔재주나 기술로 만들어지는 것이 아니라고 말한다. 한 분야에서 긴 시간 지겨운 일상을 버티며 작은 변화에도 민감하게 노력하고 온몸으로 버텨낸 사람이라고 이야기한다. 일상이란 90퍼센트 이상 지루하게 반복되는 것이며, 그 일상을 버티는 힘이 성공의 가장 중요한 요소라고 충고한다. 그 어떤 것도 끈기를 대신할 수 없다는 말이다.

지금 하는 일이 아무런 의미 없이 끝없이 반복하는 것처럼 느껴지는가? 그렇다면 지금 계속하는 일에서 성공을 거둔다면 어떨지 생각해보자.

성공, 어떻게 정의하고 있는가? 돈은 얼마나 가져야 하고, 어떤 일을 해야 성공한다고 생각하는지를 필기하며 정리해보자.

지금, 하고 있는 일이 마음대로 되지 않아 불평하고 싶은가? 그렇다면 불만스럽게 여기는 점을 쭉 적어보자.

그다음, 새 종이에 그 상황이 어떻게 변했으면 좋겠는지를 적어보자. 그러고는 또 다른 종이에 현재 처한 상황에서 스스로가 바꿀 수 있는 것을 아주 사소한 것일지라도 모두 적어보자.

이제 다음 단계다. 5년 후 내가 바라는 모습을 적어보자. 경제적 상황은 어떤지, 어떤 지위에 있는지, 어디에서 살고 있는지를 자세히 적어보자.

마지막으로 5년 뒤에 바라는 내 모습을 이루기 위해 현실적으로 할 수 있다고 생각하는 것들을 적어보자.

사람들은 자신의 인생을 스스로 개척할 수 있다고 이야기한다. 하지만 말만 그렇게 할 뿐 속으로는 아무것도 할 수 없다고 체념하고 있는 경우가 대다수다. 좋아지기를 바라지도 않으니 현 상태가 유지되기만을 바라는 사람들도 있다. 하지만 고인 물은 썩게 마련이다.

지금 이 순간에도 어떤 이들은 앞으로 나아가고 있다는 사실을 잊지 말자. 사람은 누구나 더 나은 삶을 이룰 능력을 가지고 있다.

현재에만 묻혀 있는가? 앞으로 나아갈 능력을 썩히지 말자.

항상 바라는 그것! 그토록 갈망하는 그것을 이룰 수 없다고 지레 체념하지 말자. 그런 마음을 가지고 있는 한 그것은 절대로 곁에 오지 않을 거다. 손에 쥘 기회조차 주지 않을 거다.

기회의 앞머리는 무성하지만 뒷머리는 대머리이고, 발에는 날개가 달려 있다고 한다. 다가올 때는 쉽게 잡을 수 있지만, 놓쳐버린 뒤에는 잡을 수 없다는 의미일 거다. 실제로 나는 제대로 준비하지 않았다가 기회를 놓쳐버렸고, 그 기회는 다시 오지 않았다.

힘들 때면 이미 원하는 곳에 도착했다고 선명하게 상상하자. 꿈을 이룬 모습을 생생하게 상상하면 꿈은 이루어진다. 스스로 바라는 모습을 글로 자세히 적고, 그것을 주문 걸 듯 수시로 읽자. 포기하고 싶을 때마다 그 종이를 읽으며 다시 한 번 힘을 낼 수 있도록 자기최면을 걸자.

"레드선! 나의 꿈은 이루어졌다!"

05

준비하지
않으면
미래는 없다

혹시 스스로 꾸는 미래에 세뇌를 당했다고 생각하지는 않는가? 많은 사람이 공무원이 되겠다 몰리는 바람에 경쟁률은 갈수록 높아지고 있다. 앞서 말했듯 현직 공무원들이 남긴 글을 보면 그 철밥통의 로망은 그저 외부인들의 상상에 불과할 뿐이다.

그토록 바라는 직업, 무엇 때문에 그 직업을 갈망하는가? 거듭 질문하지만 누군가의 권유로 그 직업에 올인하고 있는 건 아닌가?

『나만의 스토리로 승부하라』의 서정현 작가는 10년 동안 열정, 힘, 관심을 하나로 모으라고 강권한다. 자신의 분야에서 블루칩이 될 수 있도록 하라는 말이다. 잡다한 것들이 아닌 특정 분야에 지식이나 기술을 제공하는 전문가가 되어야 한다고 그녀는 충고한다.

날마다 꿈꾸는 그 분야를 위해 10년을 투자할 용기가 있는가? 시간은 되돌릴 수가 없기 때문에 돈보다 더 중요하다.

꿈을 이루기 위해 곁에서 응원해주고 격려해주고 믿어주는 사람이 있는가? 지금 만나는 사람의 영향력은 생각보다 강력하다. 나름대로 원하는 일을 이해하는 사람은 그리 많지 않다. 그러므로 더욱 자신을 굳게 믿어야 한다.

꿈을 이루는 일을 지금 망설이고 있다면 나는 지금 당장 줄리아 카메론이 쓴 『아티스트 웨이』라는 책을 읽어보라 권하고 싶다. 이 책은 여러 가지 원인으로 예술가가 되기를 포기한 사람들을 응원해주는 책이다. 나이가 많다는 이유를 들어 자신이 예술가가 될 수 없다고 말하는 사람들에게 줄리아 카메론은 예술가가 되지 않아도 나이를 먹는 일은 마찬가지라고 말한다.

이미 언급했듯이 그녀는 주위 사람들의 강요나 자신의 가치를 너무 낮게 평가해 자신이 예술적인 꿈을 갖고 있다는 사실조차 깨닫지 못한 사람들이 그림자 아티스트가 된다고 했다. 어떤 사람이 진정한 아티스트가 되느냐 혹은 그늘에 숨어 꿈을 드러내기를 두려워하는 그림자 아티스트가 되느냐는 재능이 아니라 용기에 달려 있는 거다. 물론 바라는 꿈이 예술가가 되는 게 아닐 수도 있다. 중요한 것은 용기를 내지 않는 한 그 어떤 꿈도 이룰 수 없다는 거다.

그늘 속에 숨어 자신의 꿈을 외면한 사람이 과연 행복할 수 있을까? 그런 사람들에게 후회는 굉장히 짙은 그림자를 남길 거다. 꿈을 이루기 위해 외로운 길을 걷기로 결심했다면 나는 기쁜 마음으로 응원한다. 걷는 그 길은 빈번히 외로울 수 있다. 하지만 영원히 외로운 것은 아니다. 똑같은 꿈을 이루려고 고군분투하는 동반자들이 같은 하늘 어디에선가 함께 걸어갈 테니까. 그렇게 가다가 누군가는 꿈을 실현하면서 내게 용기를, 희망을 줄 테니까. 박세리 선수가 LPGA 대회에서 우승한 이후 10년이 지났을 때 후배 선수들도 여러 경기에서 우승한 것을 보라. 사람들은 그들을 '박세리 키즈'라고 부른다.

20대임에도 벌써 자신만의 꿈을 찾았다면 그것만으로도 대단한 거다. 나는 그 꿈을 모두가 이루기를 바란다. 그 꿈을 이루는 방법은 자신을 믿는 가운데 끊임없이 치열하게 노력하는 거다. 꿈을 이룬다면 그동안 조롱을 서슴치 않으며 이해하지 못했던 사람들에게서 받았던 아픔을 단박에 씻어낼 수 있을 거다.

꿈을 이루는 길 위에서 지금 절박한 상황에 놓여 있는가?

『1인 기업이 갑이다』를 쓴 윤석일 작가는 누구나 꿈을 실현할 수 있고 성공할 수 있지만, 변화를 절박하게 바라지 않으면 운명이 바뀌지 않는다고 말한다. 성공한 사람들이 가시밭길 같은 현실에서 스스로를 일으켜 세워주고 계속 앞으로 나아가게 한 것은 변화를 절실하게 원했기 때문이다.

미래에 하고 싶은 일이 있다면 그것을 향해 미친 듯이 질주해보자. 분명 나는 20대 전반에 걸쳐 내가 바라는 것이 무엇인지 정확히 알지 못했기에 시간을 낭비했다. 부디 나의 이런 전철을 밟지 않기를 다시 한 번 기원한다.

세상은 점점 빨라지고 있다. 10년이면 강산도 변한다는 말은 이제 말 그대로 옛말이 돼버렸다. 요즘은 그보다 더 빨리 변하고 있으니까.

이제 몇 가지를 스스로에게 자문해보자. 이 질문에 답하면서 다시금 어떤 인생을 살 것인지 정리하고 결심해보자.

- 어떤 일을 할 때 시간이 가장 빨리 흘러가는가?
- 시간이 있을 때 주로 하는 일은 무엇인가?
- 지금 하고 있는 취미를 시작하게 된 계기는 무엇인가?
- 내 인생에서 가장 바꾸고 싶은 부분은 무엇인가?
- 어떤 사람과 어울리는가? 그들의 장점과 단점은 무엇인가?
- 10년 후, 어떤 직업을 가지고 어디에서 무엇을 할 것이라 생각하는가?
- 가장 본받고 싶은 사람은 누구인가?
- 현재까지 살면서 가장 후회되는 일은 무엇인가? 그것을 반복하지 않기 위해 지금 어떤 일을 하고 있는가?
- 나의 꿈을 이해해주고 응원해주는 사람이 있는가?
- 거듭나는 인생을 위해 지금 버려야 할 습관은 무엇인가?

사람은 자신이 하는 습관에서 크게 벗어나지 못한다. 일상을 한번 생각해보자. 회사나 학교에 가기 위해 매일 거의 같은 길을 걷고, 같은 교통수단을 이용하며, 비슷한 시간에 식사를 한다. 뇌는 외부 환경이 변해도 체내의 상태를 일정하게 유지하려고 한다. 익숙하고 편안한 상태에서 벗어난 뇌가 스스로 원래 있던 쾌적한 영역으로 돌아가려는 작용이 바로 항상성이다.

『생각만 하는 사람 생각을 실현하는 사람』을 쓴 이노우에 히로유키 작가는 '이번에야말로 꼭 나를 바꿔보자'고 마음먹고 당장 행동에 들어간들, 다음 날에도 그런 의욕이 넘치리라는 보장은 없다고 말한다. 항상성에 걸려 뇌는 '편하다'고 느끼는 쾌적의 영역으로 돌아가기 위해 끊임없이 기회를 엿보고 있기 때문이라는 것이다.

그렇다면 이런 속성을 극복하고 나를 거듭나게 하기 위해서는 어떻게 해야 할까? 그는 기존에 있던 습관을 바꾸어 새로운 습관을 가져야 한다고 말한다. 습관을 바꿔 새로운 행동을 반복하지 않으면 오히려 불쾌감이 들고, 그때까지와는 반대 방향으로 항상성이 작용해 이번에는 새로운 습관의 상태로 돌아가려고 한다. 그러므로 새로운 습관이 생길 때까지는 원하는 모습을 떠올리며 뇌에 동기를 부여하는 과정이 필요하다는 것이다.

그는 정말 실현하고 싶은 목표는 뇌가 좋아하는 쾌적의 영역 바깥에 있다는 사실을 기억해야 한다고 주장한다. 쾌적의 영역에 안주하는 한, 원하는 삶을 살기란 어렵기 때문에 새로운 습관으로 행동하라고 권한다.

'하이 리스크, 하이 리턴(High risk, High return)'이라는 말이 있다. 재테크를 할 때 위험이 클수록 높은 수익을 얻을 수 있다는 말이다. 원하는 것을 얻으려면 그만큼의 리스크를 감수해야 한다는 의미일 거다.

성공하는 미래를 원한다면 현재 안고 있는 조건들을 포기하고,

새롭게 시작할 결심을 하자. 바라는 것이 있으면 그 대가로 버려야 할 것도 있게 마련이다. 이건 이 세상의 자연 법칙이다.

성공을 꿈꾼다면 선택과 집중을 해야 한다. 또 하나, 20대는 이미 생물학적으로 다 큰 성인이다. 그러므로 부모님에게 경제적으로 의존하는 현실에서 속히 탈피하자. 그러고는 미래를 위해 그에 걸맞은 준비를 스스로 하자.

지금 가지고 있는 꿈의 상태를 들여다보자. 오프라 윈프리처럼 미래가 눈부셔 눈을 뜰 수 없을 정도인가? 꿈은 꾸면서 아무것도 버리지 않겠다고? 그러면 당연히 얻을 것도 없다.

미래를 위해 버릴 것은 과감히 버리자. 그래야 그 빈 공간에 새로운 것이 들어올 수 있다. 준비하지 않으면 희망의 미래는 없다!

CHAPTER 7

내 인생의 주인이 될까,
노예가 될까?
_ 습관 *Habit*

01

습관의
나비효과

나비효과란 브라질에 있는 나비의 날갯짓이 미국 텍사스에 토네이도를 발생시킬 수도 있다는 과학이론이다. 이 원리는 훗날 물리학의 카오스 이론의 토대가 되었다. 미국 기상학자 에드워드 로렌츠가 1961년 기상 관측을 하다가 생각해낸 원리로, 작은 변화가 훗날 엄청난 변화를 초래할 수 있다는 의미로 일반화되었다.

실제로 나비효과는 기상학에서만 등장하지 않는다. 역사적으로 작은 습관 하나가 나라 자체를 무너뜨리게 한 적이 있었다.

중국 은나라에 폭군으로 유명한 주왕이 상아 젓가락으로 식사를 하기 시작했다. 코끼리 사냥이 쉽지 않았던 기원전 12세기에 상아로 만든 젓가락은 오늘날 보석을 박은 젓가락만큼이나 귀했다.

주왕이 상아 젓가락을 만들어 쓰자 현인인 기자가 걱정했다.

"상아 젓가락으로 밥을 먹으니 흙으로 만든 그릇은 거들떠보지도 않을 것이고, 한 걸음 더 나아가 물소 뿔로 만든 술잔을 사용하려 할 것이다. 상아 젓가락에 물소 뿔 술잔을 사용하니 투박한 음식과 짧은 옷, 초가집은 견디지 못할 것이다. 그렇게 되면 산해진미와 비단 금침, 크고 높은 집을 원하게 될 것이고, 이런 식으로 가다 보면 전국의 힘을 다 쏟아부어도 채우지 못할 것이다. 먼 지방의 진귀한 보물에 호화스러운 집과 사치스러운 음식이 모두 여기서 시작된다. 내가 걱정하는 것은 마지막을 어떻게 잘 끝낼 것인가 하는 것이다."

기자가 걱정한 대로 주왕은 점점 더 사치스러워졌고, 심지어 폭군이 되어갔다. 결국 은나라는 주나라 무왕에게 멸망하고 주왕은 자살한다.

우연히 명품 구두를 선물로 받았다고 하자. 이전에 입던 옷은 할인 판매를 할 때를 기다려 구입했거나 아니면 구제 옷을 구입하여 의류비가 그렇게 많이 드는 편이 아니었다. 명품 구두를 신은 사실을 다른 사람들이 알아보고 칭찬을 하면 기뻐하게 될 거다. 한편으로는 명품 구두에 비해 옷이 어울리지 않는다고 여겨질 것이다. 그때부터 비싼 옷을 구입하기 시작하고, 명품 구두가 한 컬레에서 여러 컬레로 늘어날 거다. 그러면서 적금을 깨고 현금서비스를 받게될 거다. 결국 옷장과 신발에는 명품이 가득하겠지만, 통장 잔고는 마이너스일 거다. 결국 돈에 쪼들리는 삶을 살게 될 거다.

극단적인 가정이지만, 위 사례에서 문제가 된 것은 명품 구두를 신은 뒤 자신이 가지고 있는 옷이 어울리지 않는다는 생각을 하기 시작하면서 낭비하는 습관을 들이기 시작한 점이다. 20대는 아직 많은 명품을 가지고 자랑할 시기가 아니다. 20대의 시간은 명품을 쫓아다니기에는 너무도 귀중하다. 20대 시절을 성공이라는 큰 건물을 세우기 위한 기초공사의 시기라고 생각하자. 기초공사를 부실하게 하면 건물을 온전히 지을 수 없다.

꿈을 이루고 싶은데 생각처럼 되지 않는 현실에 절망하며 힘든 시기를 보내고 있는가? 그렇다면 처음부터 다시 시작하자. 할 수 있는 것에서부터 변화를 꾀하는 거다. 최고의 인생을 살아가기 위해 무엇보다 필요한 것은 지식이나 능력이 아니라 사람 그 자체의 의식 변화다. 낮은 수준의 의식으로는 그 어떤 일도 해낼 수 없다. 지식이나 능력이 조금 부족해도 높은 수준의 의식이 있는 사람은 태생적으로 뛰어나다고 하는 사람들보다 훗날 더 좋은 성과를 창출할 수 있다.

사람은 생각대로 행동한다. 자신이 할 수 없다고 생각한다면 그건 사실 하기 싫은 거다. 하루에 가장 많이 생각하는 게 무엇인지 헤아려보자. 부정적인 생각으로 가득하다면 아침에 일찍 일어나는 습관을 들이자. 늦게 일어나는 사람은 그만큼 게을러지기 쉽고 그렇게 풀린 일상 속에서는 삶이 안 풀릴 가능성이 당연히 높다. 그러면 부정의 생각에 휩싸이게 마련이다.

아침에 일어나 샤워를 하면 기분 전환이 된다. 물에서 나오는 음이온 때문이다. 샤워를 마치면 공책과 펜을 들고 오늘 하루 감사해야 할 것 세 가지를 적어보자. 감사해야 할 일이 하나도 없다면, 오늘 무사히 눈뜬 것에 감사하고, 따뜻한 물로 샤워를 할 수 있는 것에 감사하고, 잘 곳이 있었다는 것에 감사하자.

죽으면 모든 게 끝난다. 누릴 것도 사라진다. 하고 싶은 것도 사라진다. 살아 있는 것만으로도 하고 싶은 것의 반은 이루어졌다고 생각하자.

깨끗한 물을 사용할 수 있는 것만으로도 나는 부자이고 행운아라고 생각하자. 세계 인구 여덟 명 중 한 명은 깨끗한 물을 못 마시고 질병, 죽음에 항상 노출되어 있다. 세상 그 어디의 누군가는 물 문제로 죽어나가는 판에 나는 아무렇지도 않게 신선한 물을 누리고 있다면? 충분히 행복한 삶을 살고 있는 것 아닌가!

경제 상황이 어려워지면서 노숙자도 늘어났다. 변변한 거처 하나 없이 길바닥에서 자야 한다고 생각해보자. 지금 집에서 잘 수 있다는 것 또한 얼마나 감사한 일인가. 이것만으로도 우리는 충분히 운 좋은 사람들이다.

"나는 세상에서 가장 운 좋은 여자라고!"

내가 자주 하는 말이다. 이 긍정의 말을 자주하면서부터 나를 도와주고 인정해주는 사람이 조금씩 나타나기 시작했다. 좋은 방향으로 나비효과가 일어난 거다.

습관 하나를 바꿔보자. 부정적인 말을 입에 달고 살면서 나 자신을 스스로 믿지 못한다면 영영 바닥에 주저앉은 채 살아갈 거다. 암울한 기운에 좋은 기운이 달라붙을 리 없으니까.

한 주부가 남편에게서 이혼하겠다는 말을 듣고 충격에 빠졌다.

마음을 추스르기 위해 이집트로 여행을 간 그녀는 사막 횡단을 하겠다는 결심을 하고 담배를 끊기로 결심했다. 사막 횡단 이후 그녀는 정말 담배를 끊고 마라톤 등의 운동을 시작했다. 덕분에 식습관이 바뀌었고, 일을 대하는 자세와 수면을 취하는 방법도 달라졌다. 통장에는 돈이 모이고, 미래 계획도 바뀌었다. 학교로 돌아가 공부도 했다. 집을 마련한 데다 다른 남자를 만나 약혼도 했다.

과학자들은 그녀의 뇌 영상에서 주목할 만한 현상을 발견했다. 그녀의 옛 습관을 주관하던 신경계 모양이 새로운 모양으로 바뀌어 있었다. 그녀의 옛 행동과 관련된 신경 활동이 여전히 남아 있었지만 그 충동은 새로운 충동 덕분에 밀려나고 있었다. 나쁜 습관을 버리겠다 결심하고 그걸 실천에 옮기는 순간부터 뇌까지 변화한 거다.

처음부터 거창하게 많은 걸 뒤집을 필요는 없다. 변하겠다고 결심했다면 나쁜 습관 중 하나만 없애겠다는 목표를 세우자. 스텝 바이 스텝! 그렇게 하나씩 밟아 나아가자. 나쁜 습관을 버리겠다고 결심하고 실행에 옮기는 순간, 나비효과가 좋은 습관이라는 새로운 바람을 불고 올 거다. 내 인생을 멋지게 바꿔줄 혁신의 바람을 지금부터 한바탕 일으켜보자.

02

변화를 꿈꾼다?
습관의
재발견!

주변에 지인이 많은가? 많다면 그들과 무슨 이야기를 하는가? 혹시 오늘이 어제 같고 내일이 오늘 같은 지루하고 의미 없는 수다를 이어가고 있는 건 아닌가? 연예인 얘기, 직장 상사 혹은 동료들을 향한 험담, 막장 드라마 얘기 등으로 허송하고 있는 건 아닌지 스스로를 돌아보자.

　나 자신이 성장하지 못하는 까닭은 홀로 있는 습관을 들이지 못했기 때문이다. 한 일본 작가는 유명 인사들의 성장 과정 일화를 들여다보면 한 가지 공통점을 발견할 수 있다고 했다. 대개 그들은 10대와 20대의 시절을 고독하게 보냈고, 어렸을 때부터 주위에서 떨어져 나온 듯한 존재들이었다. 고독하다 보니 그들은 철저히 자신에게 몰입하며 스스로를 연단했다. 그렇게 단련한 실력이 어느 수준을 넘어서는 순간, 그들은 자기 능력을 더 키워줄 사람과 운명적으로 만났다.

　이는 우리에게 시사하는 바가 크다. 고독은 고통스럽고 두려워해야 할 게 아니다. 고독은 성장 촉진제다. 운명적인 사람을 만나기 위해서는 고독할 필요가 있다고 한다. 외로움을 떨쳐내기 위해 하루 종일 양 떼처럼 몰려다니는 것은 분명 인생을 낭비하는 거다.

왁자지껄한 세상의 흐름에서 잠시 벗어나보자. 남들이 다 알고 있는 유행어, 다 알고 있는 텔레비전 드라마, 사람들이 한마디씩 하는 판에 박힌 문제들……. 이런 것들에서 잠시 벗어나 나 자신이 진짜 원하는 것, 나에게 꼭 필요한 것이 무엇인지 생각해보자.

지금 다음의 질문들에 답해보자. 이 질문들은 '내가 얼마나 특별한 존재인가'를 증명하는 거다.

- 어린 시절, 남들보다 뛰어났던 점은 무엇인가?
- 부모님에게 무슨 일로 칭찬을 받았는가?
- 남들은 한 번도 하기 어려운 일을 너무도 쉽게 한 적이 있었나?
- 남들보다 우월하다고 느꼈던 적은 언제인가?
- 현재 나에게 위안이 되는 일은 무엇인가?

나는 어렸을 때 역사에 흥미가 많았고, 그 누구보다도 책을 많이 읽었다. 아이들과 어울리지 않고 한구석에 앉아 책에만 빠져 있는 아이, 딱 그게 내 어린 시절의 모습이다. 나는 남들보다 책을 빨리 읽었다. 초등학교 시절 모두가 같은 책을 읽을 때, 나는 이미 한 번 반을 읽은 상태였다. 물론 나는 속독법을 배우지 않았다. 그저 많이 읽었더니 빨라진 것뿐이다. 어쨌든 그건 내 자신감에 한몫했다.

자신감이 없고, 남들이 하는 말을 무작정 따라 하는 것이 편하다고? 그렇다면 속히 좋은 습관 하나를 만들자. 좋은 습관을 하나 만들어 거기에 익숙해지면 성취감 덕분에 이룰 수 있다는 자신감을 얻을 거다.

13.5킬로그램 이상 체중을 줄이는 데 성공한 사람들의 단체가 있다. 바로 미국의 '체중조절연구소'다. 연구자들은 이 사람들의 습관을 면밀히 조사했다. 그들 중 78퍼센트가 매일 아침을 먹었는데, 결과적으로 아침을 먹는 행위가 그들에게는 체중 조절을 해야 한다는 신호로 작용한 셈이었다. 체중 조절에 성공한 그들 대부분은 체중 조절을 충실히 했을 때 따르는 특별한 보상, 예를 들어 비키니를 입은 날씬한 모습이나 체중계에 올라섰을 때 체중 감량에서 오는 뿌듯함 등을 머릿속에 그렸다. 그 보상은 모두 체중 조절에 도전하는 사람들이 신중하게 선택한 것이었고 진정으로 원하는 거였다. 갑자기 단 것 혹은 고칼로리 음식이 당길 때, 그들은 그 유혹에서 벗어나기 위해 자신이 원하는 날씬한 모습을 생생하게 그렸다. 그렇게 열망을 앞세워 좋은 습관을 굳힌 거다.

지금 갈망하는 게 무엇인지 생각해보자. 그 원하는 걸 얻기 위해 필요한 것은 무엇인가? 나쁜 습관을 고치면서 원하는 것을 얻기 위해 열망을 추동력으로 삼아보자.

예컨대 성공하기를 갈망하지만 매일 아침 일찍 일어나는 게 어렵다면 일어날 수밖에 없는 상황으로 나 자신을 몰아가보자. 새벽 독서 모임이든, 직장인 강의 등 자기계발이 가능하다면 뭐가 되었

든 상관없다. 성공하기를 원하는 사람들의 모임에 참여하여 동료의
식으로 열망에 열망을 불태우자. 어울리는 사람들이 어떤 이들이냐
에 따라 인생은 달라질 수 있다. 성공하고자 하는 사람은 성공하려
는 사람, 성공한 사람과 자주 만나 교류하며 배워야 한다.

내가 하는 새로운 생각이 옳다는 증거를 찾아 행동하자. 그 증거
가 내 가슴을 뛰게 할 뿐 뚜렷한 실체가 없는 것이라면 스스로 실체
를 만들면 된다. 내가 꾸는 꿈이 사람들의 기대에 어긋날지라도 포
기하면 안 된다. 안 된다는 쓸데없는 생각일랑 집어치우고 과감히
행동하자.

지금까지 살아온 삶에서 변화를 추구해야 하는 것은 알지만, 지
금 누리고 있는 것들을 포기하기는 싫은가? 변화하기보다 그 자리
에 머물며 안주하려는 것은 누구에게나 있는 속성이긴 하다. 그걸
뛰어넘어야 한다. 대부분의 세상 사람이 그 자리에서 안주하는 사
이, 세상 일부의 사람은 변화하기 위해 부단히 행동하며 나아간다.
그러니 그들이 세상을 주도하는 선도자가 될 수밖에 없다.

이제 취업을 위해 쓰는 이력서만 쓰지 말고 나의 비전을 담은 미
래 이력서도 써보자. 뭐, 미래 이력서 역시 일반 이력서와 크게 다
르지는 않다. 단지 날짜가 미래라는 점이 다를 뿐이다.

미래 이력서를 작성한 다음에는 나만 볼 수 있도록 하는 게 좋
다. 미래 이력서를 작성한다는 것은 스스로의 꿈을 믿는다는 거다.

세상에는 자신이 꿈을 이룰 수 있다고 믿는 사람들보다 이룰 수 없다고 믿는 사람들이 더 많다. 주목해야 할 점은 그런 사람들일수록 타인의 꿈을 비웃고 무시하며 심지어 그 의욕조차 꺾어버린다는 거다. 사실, 이들은 대개 삶의 무게에 짓눌려 희망을 잃어버렸다. 그러다 보니 이들의 몸과 마음에는 비관적인 마인드가 붙박여 있다.

어찌되었든 이런 사람들을 나는 '꿈 약탈자'라고 부른다. 악의를 가지고 타인의 꿈을 짓밟는 꿈 약탈자들은 기본적으로 자기 자신이 꿈을 가지고 있지 않다는 사실에 불안해한다. 그래서 꿈을 가진 사람들을 방해하고 앞서 나가지 못하게 하여 스스로를 안심시킨다.

그런 사람들에게서 내 꿈을 보호해야 한다. 미래 이력서를 나만 볼 수 있도록 하자는 것도 바로 이 때문이다. 다행히 세상에는 자신의 꿈을 소중히 여기는 만큼 타인의 꿈을 격려해주고 존중해주는 사람들도 있다. 최대한 그런 사람들과 어울려야 한다. 그래야 꿈을 실현해줄 좋은 습관 또한 내 것으로 좀 더 쉽게 만들 수 있다.

앞으로 어떤 좋은 습관을 가져야 하는지 명확히 판단되었는가? 그것을 진짜 습관이 될 때까지 노력하자. 좋은 습관으로 나의 생각을, 나의 인생을 변화시켜보자. 좋은 습관으로 자신감을 얻어 세상에 여봐란듯이 성공 한번 이룩해보자.

03

성공에 이르는
터보엔진,
독서

스스로를 어떻게 평가하는지 잠깐 생각해보자. 지금 자신을 그다지 중요하지 않은 사람이라고 여길지도 모르겠다. 스스로 아직 부족하다고 생각하는 바람에 모처럼 찾아온 기회를 혹시 놓쳐버린 적 없는가? 기회는 받아들일 마음의 자세가 되어 있지 않음이 확인되는 순간 다른 사람에게로 재빨리 발길을 돌린다.

　겸손? 삶의 미덕이긴 하다. 하지만 지나친 겸손은 없는 것만 못하다. 겸손을 떨면서 늘 기회를 다른 사람에게 양보했다면 찬찬히 자신을 들여다보자. 딱히 성공하고 싶지 않다고 생각하고 있는 건 아닌지 한번 살펴보자. 혹시 스스로를 성공이라는 단어와 거리가 먼 사람이라고 자기 최면을 걸고 있는 건 아닌지 따져보자.

　정말로 나 자신을 크게 드러내지 않고 사람들에게 피해주지 않으면서 평범하게 살아가길 바라는가? 사람들에게 너무 큰 상처를 받은 트라우마 때문에 사람들 앞에 나서는 것을 두려워하는가?

　그렇다면 살면서 사람들에게 무시당할 가능성이 크다. 왜? 그다지 가치 없는 사람이라고 판단할 테니까. 이런 사람일수록 꼭 성공해야 한다. 알다시피 성공을 위해서는 큰 목표와 굳센 의지가 필요하다.

일본인들이 관상어로 기르는 '고이'라는 잉어가 있다. 이 물고기를 작은 어항에서 기르면 5센티미터 정도 자라고, 연못에서 기르면 25센티미터까지 자라고, 강물에 방류하면 120센티미터까지 자란다고 한다. 환경이 어떠냐에 따라 이 잉어의 크기가 달라지는 거다.

환경의 막강한 영향력은 상상을 초월한다. 아무리 원대한 꿈을 꿀지라도 그것을 무시하고 방해하는 환경에서는 그것을 지키고 실현하기란 쉽지 않다. 자기 방어에 힘을 쏟느라 정작 꿈을 이루는 데 힘을 쓰지 못하니까.

그래서 탈피가 중요하다. 지금 꾸는 큰 꿈이 더 나은 곳으로 인도할 수 있다고 믿자. 이를 위한 효과적인 도구가 바로 독서다. 나는 책을 읽을 때마다 환희를 느낀다. 설렌다. 마치 꿈의 실현이 바로 내 앞에 바짝 다가온 느낌이다.

국립중앙도서관에서 하루에 책 열두 권을 미친 듯이 읽고 나온 뒤 나는 더 큰 세상을 만날 수 있었다. 최영미 시인은 "서른, 잔치는 끝났다"고 외쳤지만 사실, 이는 30대에만 해당되는 게 아니다. 준비하지 않는다면 20대에도 잔치는 끝날 수 있다.

지금 암담하다고 느낀다면 도서관으로 달려가자. 도서관에서 자신이 취약하다고 생각하는 분야의 책을 읽어보자. 인간관계 때문에 휴학을 혹은 퇴사를 고려하고 있다면 인간관계를 주제로 한 책을 깊이 파보자.

빈약한 인맥 때문에 성공하지 못한다고? 그렇게 생각하기 전에 내 수준을 높일 수 있도록 노력하자. 우선 스스로에게 최상의 가치를 부여하자. 자신을 스스로 보잘것없다고 생각하면 세상 또한 나를 무시할 거다.

일본 베스트셀러 작가 센다 다쿠야는 제대로 된 인맥을 만들고 싶다면 친목 모임에 나가기보다 스스로 새로운 무언가를 시도하는 편이 낫다고 말한다. 그렇다. 그렇게 그 일에 몰두해 곁눈을 팔지 않고 질주하다 보면 어느새 높은 수준까지 도달했다는 것을 깨닫고 스스로 놀라게 될 거다. 그때 뒤를 돌아보면 사람 몇 명이 뒤를 따라오고 있을 거다. 그게 진짜 인맥이다.

최고의 인생을 살 수 있다고 믿는다면 포기해야 할 것이 분명히 있다. 바로 과거의 잘못된 습관과 마인드다. 과거의 잘못된 습관과 마음가짐을 그대로 유지한 채 더 나은 사람이 되겠다고? 그건 마치 돌이 가득 찬 배낭을 짊어지고서 높은 산을 오르려는 사람과 같다.

배낭을 버리면 등산을 훨씬 쉽게 할 수 있는데도 포기하지 않는 이유는 관성 때문이다. 사람은 이미 살아가는 습관과 행동을 고치기를 진저리가 날 정도로 주저한다. 그도 그럴 것이 습관으로 굳어진 행동을 새로 교정해야 하는 대단히 피곤한 과정을 거쳐야 하니까. 그럼에도 이를 극복해야 한다.

새 신발을 신었을 때 발이 아픈 것이 싫어서 이미 밑창이 나간 헌 신발을 신으려는 사람은 없다. 과거의 잘못된 습관이라는 밑창

나간 헌 신발을 과감히 쓰레기통에 버리고 새로운 습관으로 살아가자.

나는 내가 보내는 하루를 일일이 적어본 적이 있다. 결과는 충격적이었다. 나는 많은 시간을 그냥 흘려버리고 있었다. 새로운 습관을 만들고 성공하고자 한다면 생활을 간결하게 끌고 갈 필요가 있다. 이것도 하고 싶고 저것도 하고 싶은 사람들에게 나는 일단 한 가지만 정해서 그것을 열심히 하라 권하고 싶다.

이 모든 것 앞에 전제되어야 할 건 역시 독서다. 책을 많이 읽는 습관을 들이면 현재 직면해 있는 문제를 해결하는 데 막강한 힘이 되기 때문이다. 좋은 습관에 독서가 결합한다면 성공을 이룩하는 데 시너지효과를 볼 수 있을 거다.

비 전 영 향 평 가 서

■ 내가 품고 있는 비전이 무엇인가?

■ 비전이 실현된다면 내 인생이 얼마나 달라질 것인가?

04

아무것도
선택하지 않는 것은
최악을 선택하는 것!

20대는 반드시 삶의 방향을 잡아야 하는 시기다. 지금 미래 설계도를 그리고 있는가? 3년 뒤의 나는 과연 어떤 모습일까? 직장인이라면 10년 뒤에도 현재 다니고 있는 회사에 계속 몸담고 있을까?

　나는 모 회사에서 번갯불에 콩 구워 먹듯 일한 적이 있다. 1년 중 가장 바쁜 시기여서 어떻게든 인원을 충원해야 했기에 나는 급작스럽게 일하게 되었다. 그 회사는 전화로 사람을 대해야 하는 서비스 업종이었다.

　두 달 동안 일하면서 어찌나 스트레스를 받았는지 얼굴에 심한 여드름이 생기기 시작했다. 아무래도 심상치 않아 피부과에 가보니 왜 이리 늦게 왔냐며 얼굴 반이 썩어 들어갈 판이라고 했다.

　지금 생각해봐도 그 회사에서의 경험은 이래저래 외상과 내상을 한꺼번에 준 나의 리스크 덩어리다. 회사에서 나온 뒤 나는 한 개인이 조직에서 어떻게 버림을 받는지 알게 되었다. 이를 계기로 나는 더 이상 회사를 믿지 않게 되었다. 회사는 개인에게 베풀지 않는다. 철저한 실리 원칙에 따라 사람을 부리는 조직일 뿐이다. 그 이상도 이하도 아니다. 뭐, 당연하다. 우리가 사는 이 세상은 자본주의 사회이니까.

지금 회사 업무에 치여 스트레스가 폭발하기 직전인가? 당장 때려치우고 직장인의 족쇄를 풀어버리고 싶은가? 그렇다면 잠시 한 박자 쉬자. 다음 달부터 당장 월급이 나오지 않는다면 얼마나 오랫동안 수입 없이 버틸 수 있는지 생각해보자. 월급이 끊기면 즉각 곤란해지지는 않겠는가? 만약 회사를 그만둔다면 대안은 있는가?

냉정히 따져보자면 지금 다니는 직장이 평생직장이 될 가능성은 거의 없는 현실……. 그래서 자기계발이 대단히 중요하다. 아무것도 바뀌지 않고 이 순간이 그대로 지속되기를 바란다면 이미 퇴보하고 있다는 사실을 알아야 한다.

인생의 놀라운 비밀 하나가 있다. 아무것도 선택하지 않는 것은 최악의 것을 선택하며 산다는 것! 더 나은 인생을 위해 무엇인가를 준비하고 도전하는 사람들은 이 비밀을 잘 있다. 독보적인 능력자들은 바로 이런 부류에서 나온다.

능력자, 대체 불가능한 사람이 되려면 우선 무엇이 선행되어야 할까? 일단 경험으로 자신이 하고 싶은, 진정으로 원하는 일을 발견해야 한다. 진정으로 하고 싶은 일을 찾아내지 못한다면 타고난 능력이 있든, 재능이 있든, 지식과 기술이 있든 상관없이 최고점에 이르는 성공을 맛볼 수 없다.

알다시피 회사에서 구조조정을 한다고 할 때, 그 1순위 대상자는 대체 가능한 사람이다. 그런 처지에 놓이지 않으려면 부단히 꿈을 꾸며 자신을 갈고닦아야 한다. 비록 지금 미칠 정도로 힘들지라도 말이다.

『드림 레시피』를 쓴 김수영 작가는 이렇게 말했다.

"삶이 힘들수록 꿈을 꾸세요. 신기한 일이 벌어집니다. 꿈꾸지 않으면 늘 그 자리에 머물 것입니다. 저는 무심코 던진 말이 씨가 되어 하나씩 현실이 되었습니다. 생각을 구체적으로 쓴다면 더욱더 강력한 힘을 발휘합니다. 중요한 것은 계속해서 꿈을 꾸고 포기하지 않고 시도하는 것입니다. 자신의 미래가 자기 생각과 꿈에 달렸다는 것은 신이 내린 진정한 축복이라고 생각해요."

자신의 꿈을 진지하게 흔쾌히 공유할 수 있는 지인이 몇 명이나 되는가? 그 사람들과 어울리자. 비슷한 꿈을 꾸는 사람들을 인터넷상에서 찾을 수도 있을 거다. 변화가 필요하다고 여기는 서너 명을 모아 함께 꿈을 꾸며 좋은 습관을 만들기 위해 계획을 짜보자. 카톡 등으로 정보를 교류하는 모임 같은 걸 만들어도 좋다. 일정 시간 안에 읽은 자기계발서 중 참고할 만한 것들을 나누는 거다. 같은 꿈을 꾸는 사람들과 그것을 어떻게 실현할지 함께 만들어나가는 거다. 닭살 돋을 만큼 민망한 짓이라고? 생각을 달리해보자. 동일한 목표 아래 같은 길을 가는 사람들과 함께하면 큰 힘이 되니까.

꿈을 실현하는 데 도움이 되는 거라면 무엇이든 시도해야 한다. 살벌할 정도로 경쟁이 치열한 이 시대에서, 더군다나 그토록 갈망하는 원대한 꿈을 이루자면 설렁설렁 살아서는 결코 살아남을 수도, 이룰 수도 없다.

　지금은 분명 위기의 시대다. 흔히들 위기는 기회라고 말한다. 하지만 이는 준비가 된 사람에게 해당되는 말이다. 준비되지 않은 사람에게 위기란? 완전 망하는 지름길이다.

05

사소한 것을
지배하면
성공이 보인다

자신이 약속을 잘 지키는 사람인지 잠시 생각해보자. 매번 지각하는 사람은 타인에게 신뢰를 얻지 못한다. 신뢰를 잃는다는 것은 결코 사소한 일이 아니다. 아무도 자신이 하는 말을 믿지 않고, 어려움에 처했을 때 그 누구에게도 도움을 받을 수 없는 처지가 된 것임을 의미하니까.

　사소한 것들을 소홀히 하면 어떻게 되는지 알려주는 법칙이 있다. 바로 1:29:300 법칙이라고 불리기도 하는 하인리히 법칙이다. 이는 산업재해가 발생하여 중상자가 한 명 나오면 그전에 같은 원인으로 발생한 경상자가 스물아홉 명, 같은 원인으로 부상을 당할 뻔한 잠재적 부상자가 삼백 명 있었다는 법칙이다. 큰 사고는 우연히 또는 어느 순간 갑작스럽게 터지는 것이 아니라 그 이전에 반드시 경미한 사고들이 반복되는 과정 속에서 발생한다는 것을 실증적으로 밝힌 것이다. 이 법칙은 큰 사고가 일어나기 전 일정 기간 여러 번 경고성 징후와 전조들이 있다는 사실을 입증했다.

　사소한 문제가 생겼을 때 이를 면밀히 살펴 그 원인을 파악하고 잘못된 점을 시정하면 대형 사고를 방지할 수 있다. 하지만 징후가 있음에도 이를 무시하고 방치하면 돌이킬 수 없는 대형 사고로 번질 수 있다.

우리나라에서도 지난 1월에 한 공장에서 불산이라는 화학약품이 새어나와 한 명이 사망하고, 네 명이 다친 적이 있었다. 고용노동부에서 조사해보니 그 공장에서는 산업안전보건법을 1,934건 위반한 것으로 밝혀졌다. 만약 그 기업에서 규정을 철저히 지켰다면 이러한 사고는 발생하지 않았을 거다.

사소하다고 생각하는 일을 무시해 정말로 많은 사람이 희생된 경우가 있다. 46,328톤의 호화여객선 타이타닉호가 1912년 4월 10일 잉글랜드 남해안의 사우샘프턴을 지나 뉴욕으로 첫 항해에 나섰다. 이 배는 물에 떴던 당대 최대 규모의 선박이었다. 그러나 이 배는 목적지에 닿지 못했다. 나흘이 지난 오후 11시 40분, 이 거대한 배는 고속으로 바다를 항해하던 중 뉴펀들랜드 해역에서 빙산과 충돌했다.

고작 20대의 구명보트에는 2,200명의 승무원과 승객 중 절반만이 탈 수 있었고, 그나마 일부는 절반쯤 빈 채로 물에 띄워졌다. 다음 날 아침, 정기선 카르파티아호가 705명의 생존자를 구해냈지만, 타이타닉호의 선장 에드워드 스미스를 포함한 1,517명은 배와 함께 가라앉았다.

왜 이렇게 많은 사람이 희생되었을까? 그것은 타이타닉호의 관계자들에게 '이 배는 절대 가라앉지 않는다'는 그릇된 확신이 있었기 때문이다. 규정대로라면 배에 구명보트를 더 많이 실어야 했겠지만, 미관에 좋지 않다는 이유로 무시되었다. 타이타닉호 관계자들에겐 모두가 탈출할 수 있을 만큼 구명보트를 넉넉하게 준비해야 한다는 규정이 사소해 보였겠지만 그 사소한 규정을 무시하였기에 많은 사람이 목숨을 잃었다.

이와 반대로, 사소한 것을 중요시하여 긍정적인 방향으로 상황을 이끈 사례도 있다.

1994년, 뉴욕 시장 루돌프 줄리아니는 뉴욕의 중심지 맨해튼을 이른바 가족적인 도시로 만들기 위해 지하철 낙서와 타임스 스퀘어의 성매매를 근절하겠다고 발표했다. 이 발표를 반대한 사람들은 줄리아니 시장이 강력범죄와 싸울 자신이 없어 경범죄를 다스린다고 비웃었다. 줄리아니 시장은 이런 조롱에 굴하지 않고, 윌리엄 브래턴 신임 검찰국장과 함께 범죄자들과 뉴욕 시민들에게 어떤 범죄든 그것이 사소한 범죄일지라도 불허하겠다는 메시지를 천명했다. 그 메시지를 통해 그들은 이전보다 안전하고 깨끗한 뉴욕을 만들수 있으리라 믿었다. 몇 년 뒤에 그들은 살인, 강도 같은 강력범죄가 줄어든 사실을 통계수치로 확인할 수 있었다.

사소한 것을 가벼이 여기지 않으려는 습관은 당연히 우리의 삶을 좌지우지한다. 사소한 듯하지만 말 하나, 생각 하나 하더라도 그게 습관적으로 부정이냐 긍정이냐에 따라 미래의 결과는 천지차이다.

제2차 세계대전 당시, 빅터 프랭클은 아우슈비츠 수용소에 갇혀 있다가 극적으로 살아나온 사람이다. 매일 수많은 사람이 죽어가는 상황에서 빅터 프랭클은 그 누구보다도 살아남기 힘든 수용자였다. 평소 운동과 거리가 먼 전형적인 공부벌레 스타일로, 그는 극악한 환경에서 버티기엔 너무도 나약한 체력을 가지고 있었기 때문이다.

　하지만 그는 살아남았다. 매우 나약하여 누가 봐도 살아남을 가능성이 적은 그가 살아남게 된 비결은 무엇일까? 그는 하루에 따뜻한 물 한 잔을 받으면 반만 마시고 나머지는 세수를 했다. 유리 조각으로 면도를 하다 상처를 입기도 했지만, 끝까지 면도를 했다. 그는 할 수 있는 한 정상적인 생활을 하려고 노력하며 결코 절망적인 말을 입에 담지 않았다.

　빅터 프랭클은 아우슈비츠 수용소에 수감된 많은 사람 중 자기 내면세계를 발전시킨 사람이 가장 생존력 강한 수용자였다고 했다. 살아남은 사람들은 끊임없이 좋은 말, 좋은 생각을 하려 했고, 수감되기 전 했던 좋은 일들을 떠올리며 어떻게 마무리할 것인지를 생각했다. 나아가 수용소에서 나간 뒤에 어떤 삶을 살지를 꿈꾸었다는 것이다.

　아우슈비츠 수용소에 수감되자마자 그는 당시 쓰고 있던 원고를 독일군에게 빼앗겼다. 아내와도 헤어져 생사를 알 수 없었다. 그는 전쟁이 끝날 때까지 반드시 살아남아 원고 완성은 물론 아내를 다시 만나겠다고 결심했다.

현재 많은 사람이 힘들어하고 있다. 자살하는 사람은 계속 늘어나고 있다. 팍팍한 현실에서 우리는 어찌되었든 살아 생을 누리고 있다. 아무리 힘들지라도 습관적으로 좋은 말, 좋은 생각을 해야 한다. 지금 아무리 비참한 삶을 살고 있을지라도 그게 아우슈비츠 수용소에서의 삶에 비할 수 있을까? 왜 지금 나는 살아 있는가? 그건 내가 꼭 이루어야 할 일이 있기 때문이라고 생각하자.

미국 작가 데이비드 맥컬로프는 진정한 성공은 자신이 좋아하는 일에서 평생 할 일을 찾는 것이라고 말했다. 그는, 진정한 성공은 자신이 좋아하는 일을 발견하고, 그 일을 평생 해나아갈 수 있으며, 그 일을 한 덕분에 돈이나 명예가 따라오는 일이라고 했다.

자신감은 타고나는 것이 아니라 긍정적인 피드백을 받으면서 오랜 시간 서서히 형성되는 거다. 사람은 누구나 잘하는 일을 통해 인정을 받으면 자신감을 갖고 더 열심히 하려고 한다. 잘하는 일을 찾고 그 일을 잘해서 사람들에게 인정받으려면? 기본에 충실해야 한다. 바로 매사에 사소한 것을 지나치지 않는 마인드와 행동력이 필요하다.

성공한 사람들은 세상이 자신을 찬탄하며 인정하기 전부터 이미 스스로가 그렇게 될 것을 알고 있었다. 자기 자신을 전적으로 신뢰하는 등 사소해 보이는 기본적인 것들을 중시하며 나아갔기에 그들은 성공하지 않을 수 없었다. 그러니 지금부터라도 사소한 것들을 꼬박꼬박 챙기자. 사소한 것들을 지배하면 성공이 보일 것이다.

20대 여자 성공을 메이크업하라

1판 1쇄 인쇄 2014년 1월 3일
1판 1쇄 발행 2014년 1월 15일

지은이 신혜정
펴낸이 임종관
펴낸곳 미래북
등록 제 302-2003-000326호
주소 서울시 용산구 효창동 5-421호
마케팅 경기도 고양시 덕양구 화정동 965번지 한화 오벨리스크 1901호
전화 02)738-1227(대) | 팩스 02)738-1228
이메일 miraebook@hotmail.com
본문 미토스
표지 김윤남

ISBN   978-89-92289-60-3   03320